KB197429

초저출산 시대,
학령인구 감소와 과원교사
위기를 기회로 바꾸는
미래 교육 시나리오

초저출산 시대,
학령인구 감소와 과원교사
위기를 기회로 바꾸는
미래 교육 시나리오

초판 1쇄 발행 2024년 12월 13일

지은이 | 김성천, 임재일, 홍섭근, 신창기, 교육자치, 김인엽, 서용선, 금나래, 정영현
발행인 | 최윤서
편집 | 정지현
디자인 | 최수정
펴낸 곳 | (주)교육과실천
도서문의 | 02-2264-7775
인쇄 | 031-945-6554 두성 P&L
일원화 구입처 | 031-407-6368 (주)태양서적
등록 | 2020년 2월 3일 제2020-000024호
주소 | 서울특별시 중구 창경궁로 18-1 동림비즈센터 505호
ISBN 979-11-91724-76-9 (13370)

정가 | 20,000원

초저출산 시대,
학령인구 감소와 과원교사

위기를 기회로 바꾸는
미래 교육 시나리오

김성천, 임재일, 홍섭근, 신창기, 교육자치, 김인엽, 서용선, 금나래, 정영현 지음

교육과실천

•••교육을 일컬어 백년지대계라고 합니다. 매우 중요하지만 그만큼 이해관계가 복잡하게 얽혀 있습니다. 교육 분야 특성상 높은 경로의존성 때문에 대안을 내놓기도 쉽지 않습니다. 지금 교육 현장은 학생 수가 줄고 지방은 소멸하고 과원 교사 문제가 대두되고 있는 시점입니다. 이 책은 교원, 국회 관계자, 연구자 등이 여러 데이터와 근거에 의해서 문제를 진단하고, 현행 주요 정책을 철저히 분해합니다. 거기에 상상력과 정책 리터러시를 더해 방향과 대안을 제시합니다. 모든 내용에 모두가 동의하기는 어렵더라도, 우리 사회의 미래를 위해 꼭 필요한 과정이라 생각합니다. 미래 교육은 저절로 오는 것이 아니라 함께 만들어 가는 것이기 때문입니다. 의미 있는 화두를 던지는 저자들의 용기에 박수를 보냅니다.

_ 박찬대, 국회의원(더불어민주당 원내대표)

교육정책디자인연구소의《초저출산 시대, 학령인구 감소와 과원교사 위기를 기회로 바꾸는 미래 교육 시나리오》의 출간을 진심으로 축하드립니다. 이 책이 초저출산 시대에 우리 교육이 맞은 다양한 위기를 헤쳐 나갈 지혜로운 해법을 찾는 데 길잡이가 되기를 바라며, 준비를 위해 애써 주신 교육정책디자인연구소 관계자 여러분께 감사드립니다.

_도성훈, 인천광역시교육감

●●●학령인구 급감은 한국 교육이 미뤄둔 숙제를 더 이상 미룰 수 없게 만들고 있습니다. 제때 풀지 못한 숙제들이 학교 현장을 역습해 오는 형국입니다. 옴짝달싹할 수 없는 처지에 몰린 학교! 이제는 학생뿐 아니라 교사도 학교를 떠납니다. 이 위태로운 한국 교육에 새로운 기회가 올까요? 그 기회는 누가 만드는 것일까요? 답이 보이지 않은 한국 교육을 향해 용감하게 질문을 던지는 자들, 저는 그들로부터 기회가 만들어진다 생각합니다. 더욱이 그들이 던지는 질문 속에 현장성과 전문성이 있다면 그들이 제시하는 답은 새로운 기회가 될 수 있지 않을까요? 저자들의 용기 있는 질문과 해법 속에서 저는 한국 교육의 위기를 넘어설 지혜와 위로를 얻었습니다.

_한성준, 좋은교사운동 공동대표

●●●미래 사회와 미래 교육에 대한 불안을 해소하고 따뜻한 위로와 용기를 전해 주는 책입니다. 디지털 기술의 발달과 인공지능의 등장으로 급

격한 변화의 물결이 학교에 밀려드는 현실에서 불확실한 미래에 어떻게 대응할 것인지 고민하면서 해법을 찾고자 노력한 현장 전문가들이 생생한 경험담과 노하우, 통찰력을 아낌없이 나눠 줍니다.

_박상준, 한국교원대학교 일반사회교육과 교수

●●●이 책은 저출생 시대의 학령인구 감소에 따른 교육계의 다양한 대안을 제시하였고, 합리적인 해법을 모색한 책입니다. 이 책을 집필한 저자들은 교육 분야에서 직면한 주요 한계점을 고민하였고, 핵심적인 교육 문제를 다양한 시각에서 냉철하게 분석하였습니다. 우리 교육이 마주한 현실적인 내용을 좀 더 깊게 알고 싶다면 가까이 두고 읽어 볼 만한 귀한 책입니다.

_최성보, 필리핀한국국제학교 교장(전 세종시교육청 장학관)

여는 글

우리 사회와 교육이 마주한 현실

우리나라의 합계출산율을 듣고 "대한민국 완전히 망했네요."라고 평가해 화제를 모았던 한 해외 교수가 최근 더 추락한 통계를 접하고는 "수치는 이미 국가 비상사태를 가리키고 있다."라고 하며 우려를 표했다. 실제로 현재 대한민국은 세계적으로 유례없는 합계출산율 0.72명으로 OECD 꼴찌를 기록하고 있고, 그 교수가 놀랐던 2022년 합계출산율보다 날이 갈수록 낮아지고 있어 0.6명대 진입이 코앞이다. 이 같은 초저출산은 학령인구 급감으로 연결된다. 학령인구 감소로 한국의 교육은 큰 변화를 맞이하고 있다.

먼저 초·중·고·대학에 미치는 여파이다. 교육부에 따르면 2024년 전국 초등학교 입학 대상 아동의 숫자는 37만 명으로 사상 처음으로 40만 명 아래로 떨어졌다. 2024년도 기준 '신입생 0명'인 초등학교는 총 157곳으로, 이는 전체(6,175개 학교)의 약 2.5%에 해당한다. 지역별로는 전북이 가장 많았고, 뒤를 이어 경북, 강원 등의 순이었다. 대도시인 부산, 대구, 인천도 포함됐다. 초등학교뿐만이 아니다. 서울에 있는 일반계 고등학교 최초로 도봉고등학교도 2024년 폐교가 확정되었다. 학령인구 급감으로 직격탄을 맞는 것은 대학도 마찬가지다. 2023년 출생아 수는 23만 명으로, 대학 입학 정원 47만 명이 그대로 유지될 경우에는 2040년대 초에는 50% 이상의 대학이 신입생을 채울 수 없는 실정이다. 전례 없는 초저출산으로 인한 학령인구 급감과 청년층의 수도권 집중으로 인해 벚꽃 피는 순서대로 대학이 문을 닫을 것이라는 '벚꽃엔딩'도 일어나고 있다. 서울에서 멀어질수록 대학 신입생 경쟁률과 신입생 충원율, 졸업자 취업률이 서울 지역 대학보다 낮은 경향이 한 보고서에서 확인되기도 했다.

이러한 인구 감소는 단순히 학교 소멸로 끝나지 않는다. 학교가 사라지면 마을이 사라질 것이다. 어느 날 자신이 사는 지역의 학교가 사라진다면 사람들은 대도시로 이주를 하고, 작은 마을은 점점 사라지는 도미노 현상이 일어날 수 있다. 게다가 학교에는 학생만 있지 않다. 과원교사에게 어떤 역할을 부여할 것인지도 고민해야 한다.

2025년이면 인구 80%가 학령인구를 넘어서는 25세 이상이고, 65세 이상 인구가 20%를 넘는 초고령사회에 진입할 것으로 전망된다. 그렇다면 현재의 초·중등·대학 교육체제는 이러한 초저출산 고령화 시대에 적합하다고 말할 수 있을까? 안타깝게도 2020년 코로나19 당시 공교육은 학생, 학부모, 교사, 시민 등 교육 주체 그 누구에게도 만족할 만한 수준으로 운영되지 못했다. 코로나19 방역에 집중하여 등교 개학을 실행

8

하지 못했고, 4차 산업혁명이 강조되는 흐름과 겹쳐 온라인(원격) 수업을 실시하였으나 만족할 만한 수준이 되지 못했다. 결국 부모의 소득 수준의 차이가 상위권과 하위권을 만드는 양극화 심화와 사교육비 증가로 인한 학습 격차를 양산하게 되었고, 취약계층 학생들의 경우 정상 등교를 하지 못하면서 심리·정서 격차 문제도 대두되었다.

학생들의 학습과 심리·정서 격차 문제만큼이나 교사들의 사기 저하도 주목해야 하는 문제이다. 행복한 교사가 행복한 교육을 만든다. 그러나 현재 대한민국의 교사들은 신음하고 있다. 한국교총이 2024년 5월 전국 유·초·중·고·대학 교원 1만여 명을 대상으로 실시한 '교원 인식 설문조사'에 따르면 '다시 태어나면 교직을 선택하겠는가?' 라는 질문에 교사 19.7%만 '그렇다'고 대답했는데, 이는 역대 최저로 2016년 52.6% 이후 계속해서 낮아지고 있다. 대한민국의 교사들이 어쩌다가 몇 년 만에 단체로 극심한 번아웃에 시달리게 되었을까? 현재의 교육제도가 교사를 지원하기에 충분한지 다시 고민해야 할 때이다.

한편, AI가 교육 분야를 흔들고 있다. 2023년 1월 국내에 알려지기 시작한 ChatGPT의 경우 그야말로 게임체인저가 되었다. ChatGPT는 대용량 데이터를 학습해 사람과 대화하고 다양한 질문에 답을 내놓는 생성형 AI다. 교육 분야에서도 AI가 '시험을 대신 봐 준다', '숙제를 해 준다', '수업에 활용한다' 등의 이슈로 떠들썩하다. 시도 교육청에서도 AI 활용 수업에 관한 교사 연수, AI 윤리교육 가이드라인 등을 마련하기도 했다. 최근 교육부는 '디지털 기반 교육혁신 방안'을 통해 2025년부터 공교육 현장에 AI 디지털교과서(일명 AIDT)를 도입한다고 발표하기도 했다.

이 책은 초저출산 시대, 학령인구 감소와 과원교사라는 키워드로 압축될 수 있는 지금 우리 교육이 무엇을 고민해야 하는지, 다시 성찰해야 할 것은 무엇인지 우리 교육의 관행과 관습에 대해 질문을 던지고, 문제의식을 발전시켜 미래 사회에 맞는 대안을 제시할 수 있지 않을까 하는 생각에 탄생했다. 저자들은 현장성과 전문성, 정책성을 겸비한 교육 전문가로, 그들의 고민과 해법을 이 책에 담았다.

먼저 혁신교육에 대한 성찰과 새로운 방향성 제안을 시작으로, 1부 〈현실, 피할 수 없는 시간이 다가오다〉에서는 학령인구 변화로 인한 학교교육 문법 재구조화 방안, 늘봄학교의 문제점 탐색, 기초학력의 진단과 보장, 초등교원 양성의 임용 규모 불일치 해소 방안, 과원교사 문제 해소 방안을 다룬다. 2부 〈교사 주도성, 미래 교육의 시나리오를 쓰다〉에서는 초저출산 시대에 우리 교육의 전환 방향, 학생과 교사가 말하는 교육자치를 위한 교육정책, 디지털 대전환 시대 학교의 모습과 에듀테크 활성화 방안, AI 교육이 미래 교육으로 성공하기 위한 조건, 미래 교육 구현을 위한 교사 대상 사내 대학원 도입, 미래 교육 대비를 위한 교직계의 평생학습계좌제 도입, 교사가 다니고 싶은 좋은 일터로서의 학교를 만들기 위한 제안을 담았다.

여기에 제시한 방안이 정답이라고 생각하지는 않는다. 하지만 오랜 시간 대학교, 국회, 교육청, 학교 현장에서 근무하면서 고민하고 연구하면서 담아낸 것들이다. '정답을 찾기보다 해답을 찾아라.' 라는 말이 있다. 해답(解答, solution)은 맞닥뜨린 문제나 현안에 대한 해결 방안을 제시하는 것으로, 정답처럼 하나가 아니라 여러 개가 될 수 있다. 우리가 찾은 해답이, 혹은 책을 읽어 가며 여러분이 찾은 해답이 우리 사회와 교육의 위기를 기회로 바꿀 수 있다면 "대한민국 망했네요."라는 해외 교수 앞에서 "그래도 우리 교육에 희망은 있습니다."라고 말할 수 있지 않을까.

2024년 11월

저자 일동

목차

들어가는 글: '혁신' 없이 미래 교육도 없다 : 김성천

1부
현실, 피할 수 없는 시간이 다가오다

학령인구 변화에 따른 학교교육 문법 재구조화 : 임재일

2부
교사 주도성, 미래 교육의 시나리오를 쓰다

학생과 교사가 말하는 교육자치를 위한 교육정책 : 서용선

'혁신' 없이
미래 교육도 없다[1]

김성천

1. 혁신학교와 혁신교육은 유행가처럼 사라지는가

교육부는 대통령실의 동향에, 교육청은 교육감의 공약에 늘 관심을 기울인다. 그러다 보니 교육부와 교육청은 개념 소비가 빠른 편이다. 무엇인가 들끓었다가 시간이 지나면 식는다. 4차 산업혁명 이야기가 넘치다가 어느 순간 사라지고 다른 화두로 바뀐다. 교육 분야에도 유행이 있는 것일까? 교육서, 연수, 논문을 보면 어떤 변화가 빠르게 감지되다가도 어느 순간 언제 그랬냐는 듯이 무관심의 영역으로 넘어간다. 그러다 보니 배워야 할 주제와 내용이 항상 우리 주변에 흘러넘친다. 연수 쇼핑을 하듯 이것저것 배워 보지만 갈증을 온전하게 해결하지는 못한다.

어느 교육감, 어느 장관 시절에 바람을 타던 정책과 사업이 흔적도 없이 추억만 남긴 사례를 떠올려 보라. 혁신학교와 혁신교육도 일종의 유

---

1 본 장은 《교육언론 창》 "혁신학교와 혁신교육의 시대는 끝이 났는가?"(2024.3.8.) 기고문과 "행정혁신 가로막는 대못들, 파묘해서 뽑아내야"(2024.4.12.) 기고문을 수정, 보완하여 구성하였다.

행처럼, 바람처럼 사라질 운명인가? 윤석열 정부의 교육부에서 '혁신교육'이라는 용어는 사실상 금기시되었으며, 진보에서 보수로 교육감이 바뀐 지역에서도 그런 모습을 확연하게 느낄 수 있다. 혁신학교 정책을 폐기하거나 형식상 유지할 뿐 사실상 고사시키고 있다. 그러면서 뭔가 차별화를 위한 정책과 사업을 모색한다. 교육감은 특정 정책과 사업을 폼나게 발표하면 끝이겠지만, 좋은 학교를 만들기 위해서 10여 년간 몸부림쳤던 교육 주체들의 허탈감과 불안감은 어찌할 것인가.

2. 다시 돌아보는 혁신교육

경기도처럼 혁신학교와 혁신교육이라는 정책과 사업이 사라진다고 해도 몇 가지 기억해야 할 사실이 있다.

첫째, 혁신학교와 혁신교육은 관료들이 책상머리에서 만든 정책이 아니라 현장에서 뜻 맞는 교사와 학부모가 협력하여 변화를 일구었다는 점이다. 실천이 먼저 있었고, 이후에 이를 공약과 정책으로 포착했다.

둘째, 지역 여건 등으로 인해 학교 폐교의 위기를 느꼈거나 비선호하는 학교에서 먼저 그 혁신과 변화가 시작되었다는 사실이다. 농어촌이나 구도심에 입지한 학교에서 혁신은 시작되었다. 변방에서 창조적 변화가 시작된 것이다. 위기 상황이 위기의식을 불러일으켰고, 이는 곧 대응을 위한 혁신과 실천으로 이어졌다.

셋째, 혁신학교에서 제시했던 철학과 실행 전략은 무수한 시행착오를 거쳐 형성된 소중한 결과물이다. 적어도 학교라면 이 정도의 모습은 갖추어야 한다는 최소 조건을 제시했다는 점이다. 비전과 철학을 함께 만들고, 교육과정 재구성, 학생들이 참여하는 수업, 과정 중심 평가 등의 방향성을 제시했다. 여기에 수업을 개방하고 나누는 문화를 형성하고, 3주체의 참여를 강조했다. 학교장 리더십 역시 카리스마, 지시, 통제의 상징이 아닌 비전, 공감, 조정과 조율, 솔선수범 등의 키워드를 담아낸 상징으로 변모했다.

넷째, 실천 과정에서 교육과정-수업-평가라든지 학교문화, 일하는 방식 등을 왜 어떻게 바꿔야 하는가에 관한 경험적 지식이 우리 안에 축적되기 시작했다는 점이다. 무엇인가에 도전했고, 왜 실패했는지, 어떤 이유에서 성공했는지, 그것을 위해서는 각자가 어떻게 행동해야 하는가에 관한 일종의 암묵지가 적지 않은 교사와 학부모에게 쌓이기 시작했다. 이는 우리 교육의 엄청난 자산이 아닐 수 없다. 그 단적인 예가 혁신학교와 혁신교육에 관한 단행본, 석·박사학위 논문, 학술지, 정책보고서가 아닐까 싶다. 그것은 입으로 쓴 것이 아니라 눈물과 땀으로 써 내려간 축적의 시간 그 자체이다.

다섯째, 교육과정과 수업, 평가 등 본질에 집중했고, 이 과정에서 정체성의 변화를 경험했다. 교사는 공문을 작성하는 사람이 아니라 수업을 하는 사람이며, 국가가 만든 교육과정을 학생들에게 전달하는 사람이 아니라 재구성하고 개발하고 생성하는 사람이라는 관점의 전환을 하게 된다. 학부모는 학교 운영의 객체요 소비자가 아니라 참여의 주체였다. 학생 역시 수동적 존재가 아니라 능동적 존재였다. 학생 주도성은 모든 학생에게 내재되어 있는데, 학교의 풍토와 문화, 주체 간 상호작용에 의해 그것이 발현될 수도 있고, 안될 수도 있다. 발현될 수 있는 그 조건은 혁신학교의 철학과 문화와 일치한다. 교원, 학생과 학부모는 학교를 함께 만들어 가는, 그러면서 함께 성장하는 주체라는 자각으로 이어졌다.

3. 혁신교육에 대한 오해와 이해

하지만 혁신학교와 혁신교육에 관한 오해는 여전하다. 혁신교육을 여전히 특정 집단만의 이념의 산물로 바라보는 사례가 대표적이다. '혁신'이라는 용어의 원조를 굳이 따져 보면 조지프 슘페터(Joseph Alois Schumpeter)이다. 기업가 정신을 강조했던 그는 어느 이념의 범주에 속할 수 있을까? 그의 대표 저서인 《자본주의·사회주의·민주주의》는 칼 마르크스(Karl Marx)를 비판하면서 새로운 관점을 제시한다. 피터 드러커(Peter Drucker)의 《피터 드러커의 위대한 혁신》은 기업뿐만 아니라 공공기관의 비효율과 무능의 문제를 지적하면서 혁신의 과정과 원리에 관한 탁월한 통찰을 제시한다. 피터 드러커는 혁신의 원천을 기업 내지는 산업 외부에서 나타나는 변화나 새로운 지식의 창출로 보기도 했지만, 조직 내부에서 일하는 사람이 어떤 징후를 포착하거나, 예상치 못한 성공이나 실패, 사건으로 나타난다고 보았다. 어떤 불일치 현상이 나타날 때 의문을 던지고, 해결하기 위한 노력의 과정을 그는 혁신으로 규정한다. 그는 효과가 없는 것은 과감하게 폐기하고, 대신 효과와 성과를 낸 영역에 보다 집중해야 한다고 말한다.

이들의 생각을 종합해 보면, 익숙해진 관행과 관습에 대해 질문을 던지고 문제의식을 발전시켜 나가는 이 과정은 혁신의 여정이다. 이는 관행이 주는 편리함에서 벗어나 기꺼이 자발적으로 심리적으로 신체적으로 고단함을 선택하는 삶으로 이어진다. 하지만 그 고단한 과정은 나를 성장시키고 조직을 발전시킨다. 그 힘은 해 본 사람만이 알게 된다. 학습 공동체에 참여하고 돌아가는 그 순간, 몸은 피곤한데 마음이 뜨겁고 충만했던 그 경험을 해 봤는가?

  혁신교육은 "이유는 없어. 그냥 해."라는 우리의 관습과 관행에 의문과 질문을 던지며 개선을 위해 몸부림치는 과정의 총체를 의미한다. 이러한 혁신의 원리와 과정을 좌우, 진보와 보수라는 이념의 시선으로 볼 수 있을까? 개혁교육학 내지는 진보교육학의 원조를 따지자면 존 듀이(John Dewey)일 텐데, 그의 사상을 우리나라의 교육 체계에 최초로 접목한 이는 오천석 박사이다(오천석, 2014). 그에 대한 평가는 엇갈린다. 그는 대한교육연합회를 발족시키고 회장으로 취임했는데, 현재의 한국교원단체총연합회의 뿌리로 볼 수 있다. 해방 이후 이루어졌던 새교육운동은 교사 스스로 강습회를 이끌었다. 또한, 현장 교사 중심으로 커리큘럼 개조 운동도 이루어졌다. 그 뿌리는 현재의 전문적 학습공동체로 이어지고 있다.

  혁신교육과 혁신학교의 철학과 지향점을 음미해 보면 그것은 유행가와는 차원이 다르다. 교육이 갖는 보편적 속성을 어느 정도 갖고 있기 때문이다. 학교라면 마땅히 해야 할 기본기를 담고 있을 뿐이다. 안타깝게도 일부 교육감은 애써 혁신교육과 혁신학교를 외면하거나 흔적 지우기에 골몰하고 있다. 그러나 혁신학교에서 구현하는 원리는 다음과 같이 소박하다.

- 학교의 비전과 철학을 함께 세우고 공유해야 한다.

- 교육과정과 수업, 평가는 동료 교사와 함께 개방하고 나누어야 한다.

- 모든 실천의 기초는 관계성과 동료성에서 시작한다.

- 학습공동체는 교육과정과 수업, 평가를 바꾸는 것에 매우 유익한 도구이다.

- 3주체의 소통과 참여를 통해서 민주적인 학교문화와 학교자치를 만들어 가야 한다.

- 학교장은 변혁적 리더십을 구현해야 한다.

- 학교는 지역사회를 구성하는 지역 생태계의 일원으로서 함께 상생해야 한다.

- 교육과정과 수업, 평가를 잘할 수 있도록 업무 구조와 일하는 방식을 재구조화해야 한다.

4. 혁신교육은 기본기이기에 부활한다

이러한 원리는 일종의 기본기와 같다. 기본기가 안 된 상태에서는 다음 단계로 나아갈 수 없다. 스포츠든 음악이든 고수는 늘 기본기에 충실하다. 그렇지 않으면 특별한 전문성을 지닌 몇 명의 교사들의 개인기에만 의존하게 되는데, 이는 곧 소진 현상(burnout)으로 이어진다. 결국, 철학과 시스템, 문화, 역량, 교육과정이 함께 만나야 한다. 이러한 원리가 학교에서 작동하지 않으면 AI, 에듀테크, IB 프로그램에 교육부와 교육청이 많은 예산을 투입해도 공회전할 가능성이 크다.

다시 질문을 해 보자. 중앙집중형 관료 통치가 횡행하는 학교 체제를 우리는 원하는가? 경쟁과 시장의 원리가 학교에 적용되기를 원하는가? 그것이 아니라면 어디로 가는지 알지도 못한 채, 특출한 몇 명의 개인기에만 의존하는 방임형 학교인가? 아니면 교장의 지시에만 의존하면서 움직일 것인가? 폐쇄적이지도 않고 각자가 고립되지 않는, 사람의 온기를 느끼지만, 민주주의를 가장한 각자의 편의주의에 사로잡히지 않은, 소통과 연대, 참여와 협력의 가치가 넘치는 혁신형 공동체여야 한다.

물론, 혁신학교와 혁신교육에도 빛과 그늘이 있다. 양적 확대가 곧 질적 심화로 이어지지 않을 수 있으며, 학교를 넘어 교육청과 교육부의 감사-인사-행정-조직 혁신으로 그 흐름이 이어져야 한다는 경고를 수차례했다. 이러한 문제와 한계에 대해 필자는 일관되게 논문과 저서로 지적한 바 있다. 제도화, 성과 설정, 추진 전략, 정책 목표, 정책 계승 차원에서 혁신학교의 딜레마가 있다고 보았다(김성천, 2018). 요약하면, 운동에서 정책과 사업으로 채택될 때 어려움이 나타난다. 학업성취도만이 혁신학교의 성과로 규정할 수 있는가에 관한 고민이 있다. 공교육 정상화를 넘어선 목표 설정을 할 때 내부의 어려움은 가중될 수 있다. 양적 확대가 질적 심화로 이어지지 않을 수 있다. 또한, 순환근무제이기 때문에 사람들이 계속 바뀌게 되면 혁신의 가치를 유지하기가 쉽지 않아진다. 이러한 긴장과 갈등을 딜레마로 규정했다.

그럼에도 불구하고 혁신은 '결과'가 아닌 '과정'이며, '완성형'이 아닌 '진행형'이라는 점에서 계속 진화해 나가야 한다. 무조건 새로운 것을 해야 한다는 강박관념에서 벗어나야 한다. 기존에 하던 것을 세련되게 만들어 가는 과정이 더욱 중요하다. 우리가 잊고 있는, 또는 갖추어야 할 기본기는 무엇인가를 다시 생각해 보자.

예컨대, 우리는 서로의 수업을 나누고 공유하고 있는가? 어렵고 힘든 누군가의 마음을 헤아리고 있는가? 아니면 관행이라는 이름으로 누군가에게 일을 몰아주고 있지 않은가? 문서에 그친 학습공동체가 아닌 서로에게 성장과 자극을 주는 학습공동체에 참여하고 있는가? 학교의 우선순위가 수업과 학급 운영에 있는가?

교육감의 의지에 의해 정책과 사업은 사라질 수 있다. 그러나 뜻 맞는 이들과 함께 학교를 조금이라도 개선하기 위해 몸부림쳤던 존재와 시간, 공간이 있었다는 사실만큼은 기억해 주면 좋겠다. 그 기억과 경험의 전수를 통해 새로운 정책과 운동은 다시 부활할 것이다. 아니, 여전히 그 자리에서 실천하는 이들은 실천하고 있을 뿐이다. 주목하지 않았을 뿐이다. 우리 교육의 역사가 이미 그것을 충분히 입증하고 있다.

5. 행정-감사-인사-조직 혁신으로 확장하자

이제는 행정-감사-인사-조직 혁신으로 나아가야 한다. 그 첫걸음은 학교자치의 정신과 철학의 회복이다. 가끔씩 교육청에서 발주한 정책연구 용역을 위해 입찰 서류를 준비할 때가 있다. 각종 서류를 준비하면서 아쉬울 때가 한두 번이 아니다. 너무 많은 서류를 요구하고 있으며 효율성도 떨어진다. A교육청은 아날로그 방식을 적용한다. 온갖 서류를 요구하고, 입증 자료 원본과 인감도장, 사본 몇 부를 제본하여 교육청 담당자가 근무하는 부서로 직접 들고 가야 한다. 제출 기한과 시간도 정해져 있기 때문에 어떤 경우는 줄을 서야 한다. 이때 서류 제출자는 재직증명서와 신분증을 들고 가야 한다. 이 경우에도 대학 산학협력단장의 위임장이 필요하다. 만약 연구보조원인 대학원생이 재학증명서를 들고 서류를 제출한다면 어떤 일이 벌어질까? 융통성 있는 담당자는 위임장이 있기 때문에 별 문제 없다고 서류를 받아 주지만, 융통성이 없는 담당자는 공고문에 재직증명서로 명시되어 있기 때문에 재학증명서는 제출 자격이 안 된다고 말한다. 재직과 재학, 한 글자 차이는 어마어마한 결과를 낳는다. 반면, B교육청은 나라장터 등 별도의 입찰 창구에 온라인으로 자료를 제출하라고 안내한다. 담당자가 오갈 필요가 없다.

몇 단계를 거쳐 간신히 교육청으로부터 연구를 수탁받았다고 치자. 전문가 또는 학부모, 교사 등을 대상으로 연구를 위해 면담을 하고 나면 요구하는 서류가 적지 않다. 통장 사본과 신분증 사본을 요구하기도 하고, 면담 자료, 면담 활용 보고서 등을 대학에 제출해야 한다. 심지어는 그 사람이 전문가인지 여부를 확인해야 하니 이력서 또는 재직증명서를 요구하기도 한다.

일반적인 행정기관에 비해 비교적 자유로운 기관으로 평가받고 있는 대학에서도 이 정도이면 유·초·중·고는 도대체 어떤 상황일까? 왜 이러한 문제가 발생하는 것일까? 이러한 현상이 나타나는 원인을 복기해 보면, 하나는 고착화된 행정 관행과 관습에 젖어 있는 담당자 내지는 담당 부서의 마인드 문제이고, 두 번째는 감사를 우려하기 때문이다. 그 감사의 본질은 불신이 깔려 있기 때문이다.

A교육청과 B교육청이 일하는 방식을 보면 업무 담당자 입장에서는 A

교육청이 훨씬 편하다. 자기 자리에 앉아서 서류를 받고, 이후 받은 자료를 바탕으로 심사를 진행하면 되기 때문이다. 하지만 서류 제출을 해야 하는 사람 입장에서 생각해 보자. 최소 교육청으로 오가는 데 반나절 이상을 소모해야 하며, 제본비와 교통비, 출장비 등이 소요된다. 반면, B교육청처럼 온라인 방식으로 서류를 받으면 담당자는 약간의 번거로움이 있을 수 있다. 심사를 위해 파일을 다운받아서 심사위원 수만큼 노트북 등에 옮기고, 평가를 안내하는 절차를 거쳐야 하기 때문이다. 하지만 그의 수고로움으로 입찰하는 기관이나 단체의 인쇄비, 교통비, 출장비 등을 절감할 수 있다. 심사 이후 언젠가는 버리게 될 제본에 소요될 종이를 낭비하지 않아도 될 것이다. 조금만 더 생각해 보면 보다 효과적으로, 의미 있게 일할 수 있는 방법이 얼마든지 있다. 하지만 전임자로부터 받은 기존 양식과 문서 틀을 그대로 복사해서 사용하게 되면 행정 혁신은 일어나기 어렵다.

예컨대, 연수 시에 강사에게 요구하는 또는 면담자에게 요구하는 통장 사본과 신분증 사본이 반드시 필요할까? 개인정보활용 동의서와 계좌번호와 주민번호 등을 담은 인적 정보를 적은 종이 한 장에, 원고나 면담 자료 정도면 충분하다. 하지만 불신을 전제하면 각종 보고서와 증빙 자료를 계속 요구하게 된다. 강의나 면담을 실제로 했는지를 확인하는 서명이나 사진 등 증빙 자료를 요구한다. 왜 이런 서류를 요구하느냐고 물어보면 감사를 하는 사람들이 요구하기 때문이라고 담당자는 말한다. 감사를 해야 하는 사람들 입장에서는 다다익선이기 때문에 보다 많은 서류가 있기를 바라겠지만, 그 요구는 본연의 업무보다는 오히려 불필요한 서류 작성에, 입증 자료를 만드는 데 많은 시간을 허비하게 만든다. 정말로 면담을 했는지 여부와 입금 여부, 면담자 선정의 적정성 여부 등은 감사자가 조금만 발품을 팔면 확인할 수 있는 사인인데, 피감사자가 그들을 위해 2중, 3중으로 자료를 미리 구비해 놓아야 하는 것인가?

현장에 있는 교사들의 이야기를 들어 보면 해마다 일이 많아지고 절차는 복잡해졌다고 말한다. 과거에 한두 번의 행정 행위로 끝났던 사안이 이제는 수십 번의 행정 행위를 요구한다는 것이다. 학교폭력, 현장체험학습 등이 대표적인 예다. 어떤 사안이 터지면 공분이 발생하고, 그때마다 각종 법률, 시행령, 지침, 조례, 매뉴얼 등이 부랴부랴 만들어지는데, 여기에 관료주의와 보신주의, 형식주의가 결합되어 일이 일을 낳는 상황에 이르게 된다. 본질은 사라지고 행정의 껍데기만 남게 된다. 이렇게 절차와 지침이 복잡해지면 나중에 누군가는 그 절차대로 뭔가를 이행하지 않았다는 이유로 징계를 받을 가능성이 더욱 커진다. 공문과 지침이 상세하고 복잡할수록 누군가는 다친다.

수학여행과 체험학습을 한번 가 보려고 하면 어마어마한 행정 행위를 요구한다. 해마다 매뉴얼은 점점 복잡해진다. 안전사고가 몇 번 나면 그때마다 매뉴얼과 지침에 뭐가 하나씩 붙고, 시간이 쌓이면서 절차가 계속 추가되기 시작했다. 다음의 표는 경기도교육청의 현장체험학습 운영 지침(2024)이다. 단계만 14단계이고, 내용을 뜯어보면 46번 이상의 행정 행위를 요구한다. 이 정도면 "이렇게 복잡하고 힘든데도 현장체험학습 갈 거야?"라는 메시지를 부호화했다고 봐야 하지 않을까? 아예 가지 말자는 이야기가 나올 수밖에 없는 상황이다.

[표-1] 숙박형 현장체험학습 절차

추진 단계		추진 내용
1단계	현장체험학습 기본계획 수립 및 심의	• 현장체험학습 기본계획 수립 - 안전 필수 포함 요소 : 현장체험학습 학생 안전 대책, 현장체험학습 안전교육 실시, 그 밖에 학교장이 안전을 위해 필요하다고 인정하는 사항 등 • 활성화위원회 구성 및 운영 ※ 학교장이 활성화위원회를 구성하지 않고도 소기의 목적 달성이 가능하다고 판단되는 경우 '학교운영위원회'로 대체 가능
2단계	동의율 확보	• 기본계획 심의(활성화위원회) • 동의 비율 기준 설정(활성화위원회) • 1차 가정통신문 발송(자체 동의 비율 반드시 안내) • 결과 취합 및 학부모(학생) 동의율 산출 • 동의율 산출에 따른 체험학습 시행 여부 심의(활성화위원회) - 활성화위원회를 구성하지 않았을 경우 학교운영위원회가 역할 대체 가능

3단계	현장체험학습 운영 심의	• 학교운영위원회 심의
		  - 현장체험학습 운영과 실행에 관한 전반적인 사항 심의(일정 및 장소, 추정 금액 적정성 여부, 안전 계획 등)
		  - 계약 방법에 따른 심의

4단계	입찰 공고 및 제안서 평가	• 입찰 공고 및 제안서 접수(행정실) • 제안서 평가(활성화위원회)
5단계	1차 현장 답사	• 제안서 등 답사 자료 준비, 현장 답사 시행 • 현장 답사는 반드시 1회 이상 실시(시기나 횟수는 학교 자율적 판단)
6단계	사전 업무 처리	• 자체 점검표 포함 세부 실천 계획 수립 • 2차 가정통신문 발송 : 최종 참가 여부 확인 • 위생 점검 및 운전기사 음주측정을 위한 관계기관 공문 발송 • 인솔자 적정 확보 • 교사 외 인솔자에 대한 명예교사 위촉 • 교과 수업과 연계한 현장체험학습 관련 교육활동 • 미참가자 교육 계획 수립 • 현장체험학습 활동 자료 준비 • 비상연락체계 점검 • 현장체험학습 일정 예약 점검하기 • 인솔자 복무 처리 등

추진 단계		추진 내용
7단계	계약	• 관련 법령에 따른 계약 　- 「지방자치단체를 당사자로 하는 계약에 관한 법률」 및 「지방 　　자치단체 입찰 및 계약집행기준」 • 인솔자, 참여 학생 여행자 보험 가입 • 외부 안전요원 고용 계약(필요시)
8단계	세부계획서 교육지원청 제출 및 컨설팅	• 대규모 운영 시 세부계획서 및 자체 점검표 교육지원청 제 　출(안전대책 수립 후) • 대규모 주제별 체험학습(수학여행)에 대하여는 교육지원청 　컨설팅 실시(국외 현장체험학습은 규모에 관계없이 관련 서류 제출 　및 컨설팅 대상임) • 교육지원청 컨설팅 결과 환류 • 컨설팅 결과 환류 내용 세부계획에 보완 반영
9단계	2차 현장 답사	• 시행 직전 2차 현장 답사 실시(필요시) • 현장 답사 1회 이상 의무이므로 사전 현장 답사 시기 및 횟 　수 조정 가능
10단계	안전연수 및 안전교육	• 교사와 인솔자 사전 안전연수 실시 • 현장체험학습 참여 학생 사전 안전교육 실시 • 경기교육모아 '현장체험학습 사전/사후 정보방' 공개(의무 　사항)
11단계	현장체험학습 운영	• 단체 차량 이용 당일 점검 • 비상연락체계 유지 • 현장체험학습 진행 시 안전점검 및 안전교육 실시 　- 출발에서 도착 시까지 상시 인원 점검 • 사고 발생 시 신속 대응 및 보고 • 인솔자 상시 임장지도 및 안전요원 배치
12단계	정산	• (수익자 부담)체험학습 종료 후 10일 이내 정산 • 수익자 부담 경비 집행 내역 공개
13단계	자체 평가	• 자체 평가회 실시 • 학생, 교사 대상 만족도 조사 및 결과 분석
14단계	실시 과정 및 평가 결과 탑재	• 운영 결과 공개(종료 후 20일 이내) 　- 경기교육모아 '현장체험학습 사전/사후 정보방' 탑재 • 체험학습과 관련된 사후 교육활동(권장)

출처 : 경기도교육청(2024), pp.15-16.

6. 모든 것을 규정화하지 말라

규제에 관한 시스템은 크게 두 가지로 나눌 수 있다. 포지티브 시스템과 네거티브 시스템이다. 우리가 알고 있는 부정과 긍정의 의미가 규제 영역에서는 다르게 적용된다. 네거티브 시스템은 법에서 금지한 일을 하면 안 되지만, 규정과 조항에 없는 일을 자유롭게 처리할 수 있는 재량권을 부여한다. 즉, 하지 말아야 최소한의 일을 규정으로 제시하고, 나머지는 재량과 자율에 맡긴다. 포지티브 시스템은 법에서 허용하고 있는 것만 할 수 있고, 법에 규정되지 않는 것은 할 수 없다. 이제 규제개혁이 필요한 시점이다. 불합리한 요소를 혁신하는 과정을 통해 불합리한 규제는 보완하고, 불필요한 규제를 폐지하고, 필요한 규제를 신설하는 과정을 규제개혁으로 명명할 수 있다. 규제개혁 없이 경제 성장이나 사회 발전을 도모하기 어렵다(김창수, 2022). 이를 응용한다면 규제개혁 없이 교육혁신도, 교육발전도, 학교자치도 도모하기 어렵다.

불확실성 영역이 발생할 때마다 온갖 규정이 만들어지는 이유는 하지 말아야 할 것, 해야 할 것도 지나치게 많이 규정하는 포지티브 시스템을 강력하게 적용하고 있기 때문이다. 용어는 긍정적이지만 실제 작동 양상은 매우 부정적인 결과를 초래할 수 있다. 규제가 만들어지면 오히려 해결하려고 했던 문제가 해결되지 않고 악화되는 상황이 나타나기도 한다. 이를 '규제의 역설'로 설명할 수 있다. 심각한 경우 규제 때문에 일을 못 한다고 말하고, 추진 근거가 없어서 일을 추진할 수 없다고도 말한다. 가히 '규제 공화국'이라는 말이 이런 맥락에서 나온다.

7. 조직과 행정, 인사 혁신, 충분히 가능하다

교육부장관과 교육감들은 입버릇처럼 '미래 교육'을 화두로 삼는다. 그런데 행정 혁신을 위해서 어떤 노력을 기울이고 있는 것일까? AI 교육은 말하면서 AI 행정은 왜 적용하지 않는 것일까? 학교 행정실에 교직원 월급을 계산하는 담당자가 따로 있는데, 교육청이나 지원청 차원에서 별도의 팀을 만들어 AI 및 디지털 시스템을 활용하고 일괄 처리를 해 준다면 새로운 요구에 대한 학교 차원의 대응이 가능해진다. 각 학교에서 개별 인원들이 업무를 감당하는 사례가 있는데, 교육지원청에서 별도의 팀을 만들어 집행한다면 학교에서는 더욱 필요한 일을 감당할 수 있다.

교육지원청에는 소팀 내지는 중팀들이 제법 존재하는데, 이를 대팀으로 묶으면 현장 요구에 대응할 수 있는 인력 구성이 가능하다. 교육부와 교육청의 사업 중 강화, 유지, 폐지(일몰), 축소, 위탁 등으로 구분하여 대대적으로 손을 본다면 현장은 숨통을 틔울 수 있다. 교육부나 교육청은 정책을 새롭게 생성하지만 정책을 제대로 평가하지 않는다. 무엇을 만들었으면 무엇을 없앨까를 함께 고민해야 한다. 그렇지 않으면 감당할 수 있는 수준의 업무량을 넘어서기 때문에 형식만 갖추어 서류상으로만 일할 가능성이 커진다.

교육지원청도 행정은 광역으로 묶고, 중간 지원 조직 내지는 지원 센터를 지역별로 설치할 수 있다. 경기도교육청의 경우 인구 100만이 넘어선 지역을 중심으로 교육지원청을 2국 체제에서 3국 체제로 강화했다. 국장과 과장 등 고위직 일자리만 늘어났을 뿐 감사 업무가 더욱 강화되면서 학교 현장의 어려움은 더욱 가중되었다는 비판도 존재한다. 교육

지원청은 공문과 예산을 주고받는 터미널이 아닌 플랫폼으로 전환해야 한다. 각종 자원을 발굴하고, 연결하고, 활용할 수 있는 구조를 만들어야 한다. 현장체험학습을 나가려고 하면 강사풀, 예산 지원, 교통수단, 안전 등을 연동해서 고민하게 된다. 이 과정을 교육지원청이 서비스 제공할 수는 없을까? 그런 기대 자체를 하지 않은 상태에서 학교 스스로 자구책을 찾는 것은 한계에 봉착했다. 돌봄과 늘봄, 마을 연계 교육과정, 고교학점제, 진로체험활동, 방과후 등은 네트워크와 플랫폼 없이 작동하기 어렵다. 교육지원청을 하급 행정기관이 아닌 별도의 공법인 위상을 부여하고(김용련 외, 2021) 교육장 공모제나 직선제 등을 모색할 필요가 있다.

법률과 시행령, 조례가 문제라면 그것을 바꾸자고 이제는 요구해야 한다. 동일한 내용을 해마다 반복해서 듣는 교육과 연수에 대해서는 3~5년 단위로 이수 이행과 유효 기간을 바꾸어야 한다고 생각한다.

행정 혁신의 기준은 현장 상황에 적합한가, 주체들의 요구를 반영했는가, 목표와 본질에 도움이 되는 절차인가이다. 지금은 감사에 내가 다치느냐, 안 다치느냐가 일의 절대 목표로 설정되어 있다. 이렇게 되면 일을 하면 할수록 다치게 되고, 하지 않으면 다치지 않는 희한한 구조가 만들어진다. 한마디로 꼬리가 몸통을 흔들고 있다. 지침 제1주의 상황인데, 그 지침을 바꿀 생각을 아예 하지 않고 있다.

오해 없기를 바란다. 규제와 지침, 감사가 불필요하다고 주장하는 것이 아니다. 규제와 감사가 때로는 우리를 보호해 주기도 한다. 규제와 지침도 학교자치의 관점에서 보면 강화, 유지, 축소, 폐지로 재해석할 수 있다. 이는 규제혁신 거버넌스를 구축해서 현장 주체들의 의견을 수렴하면 얼마든지 수정할 수 있다. 동시에 상위법 내지는 조례에서 무슨 교육,

무슨 연수 의무화로 규정한 내용에 대해서는 연수 기간, 방법 등을 통합해서 재정비해야 한다. 중요한 것은 내실화이지 형식화는 아니기 때문이다.

인사 혁신도 필요하다. 행정실과 교무실은 서로 협력하고 있는가? 상호 협력을 도모하는 좋은 방법 중 하나는 인사의 반영이다. 행정실장이 승진하려면 교원과 공무직의 다면평가를 고려할 필요가 있다. 행정실장도 학교장과 교감의 리더십에 대해서 평가할 수 있어야 한다. 인사의 칸막이 체제를 극복하고 상호 협력이 가능한 인사제도 혁신도 모색해야 한다. 교장공모제는 있는데 왜 교감공모제는 없을까? 자율학교에서만 내부형 공모제가 가능한데, 일반학교에서는 불가능한가? 교장 후보 인력풀을 넓히고, 학생-학부모-교직원이 직접 선출하는 방식은 불가능할까? 교장이 되기를 원하는 사람은 제대로 된 리더십을 배울 수 있는 과정이 있는 것일까? 현행 제도가 존재하는 것은 나름의 이유와 기능이 있다는 식의 기능주의적 관점에서 벗어나서, 여전히 의문을 던지고 개선점을 찾아나가야 한다(김성천·신범철·홍섭근, 2021).

그러면 어떻게 할 것인가? 아날로그에서 디지털로, 관행에서 혁신으로, 불신에서 신뢰로, 업무 담당자 관점에서 수혜자 관점으로 행정-감사-인사 패러다임이 바뀌어야 한다. 산업체의 경우 각종 규제 때문에 제품 출시 등이 늦어지는 것을 막기 위해 '규제 샌드박스'를 허용해 주고 있다. 교육 분야에서도 자율학교라는 제도가 있지만 그 한계는 명확하다. 통치와 통제, 규제, 감시의 문법에서 탈피해야 한다. 동시에 학교자치 내지는 교육자치의 기조를 가지고 큰 줄기는 제시하지만, 세부적 판단은 현장에 맡겨야 한다. 공교육의 경직성과 비효율성을 초래하는 교육 행정의 대못들을 파묘(破墓)해서 제거해야 한다. 이처럼 혁신의 가치는 학교에 머무르지 않는다. 교육청과 교육부를 향해, 제도와 문화 영역을 향해 나아가야 한다.

1부

현실, 피할 수 없는
시간이 다가오다

학령인구 변화에 따른
학교교육 문법 재구조화

임재일

1. 바뀌어 버린 학교교육 방식

    미래 사회는 4차 산업혁명 같은 과학기술의 발달, 인구 급감, 학습자 성향 변화(MZ세대 출현), 기후위기 및 디지털 사회로의 전환 등으로 인해 불확실성과 복잡성이 심화될 것으로 전망되고 있다. 이러한 급속한 변화에서 기존에 해 오던 교육 방식은 현재의 교육 문제를 더 이상 해결해 줄 수 없기 때문에 예측할 수 없는 변화에 대응 가능한 교육체제가 시대적으로 필요하다.

    코로나19가 확산하면서 교육 방식의 변화는 더욱 절실해졌다. 이전 세계와 전혀 다른 세상에서 살게 된 것이다. 코로나19는 기존의 방식으로는 더 이상 학교 지식이 통하지 않는 학교교육의 현실을 경험시켜 주었으며, 다음과 같은 몇 가지 예로 학교교육의 획기적인 변화를 실감케 해 주었다. 우선 전면적 비대면 수업은 이전과 다른 방식의 교육 모습을 연출해 주었다. 교사와 학생이 교실에서 함께 공부하지 못하는 초유의

사태에 따른 새로운 미래 교육이 열린 것이다. 이것은 자연스럽게 에듀테크에 집중하게 하였고, 교수·학습으로의 질적 변화를 강조하기에 이르렀다. 다음으로 전 세계 팬데믹으로 인한 공동체 와해 현상도 적나라하게 드러났다. 타인으로부터의 전염병 확산에 대한 공포와 두려움이 공동체의 분열, 갈등, 해체의 면면을 보여 주었다. 이러한 학교교육의 허약한 실상이 도마에 오르면서 이전과 다른 학교교육 문법이 재구조화되어야 한다는 공감대가 확산하기 시작했다.

한편, 뉴노멀(New normal)의 시대가 열리면서 교육 대전환의 거센 파도가 일렁이게 되었다. 그것은 바로 인구 감소이다. 소위 '인구절벽'이라고도 일컬어질 정도로 대한민국 인구학적 변동이 급감하고 있다. 혹자는 이러한 변화를 '인구 재앙'이라고까지도 표현한다. 이에 학교교육도 예외일 수 없다. 당장 학령인구 감소가 가시적으로 나타나고 있기 때문이다. 예컨대 학교알리미를 분석한 결과에 따르면, 100년 이상의 역사를 가진 초등학교는 전국의 780곳이었고, 이 중 301개교(38.6%)가 전교생이 60명 이하인 폐교 위기 학교였다.[2] 즉, 100년이 넘은 학교 10곳 중 4곳이 학생 수 감소로 인해 문 닫을 위기에 처해 있다는 것을 알 수 있다. 더 주목할 것은 2024년 신입생이 한 명도 없는 157개 초등학교 중 24개교(15.3%)가 100년 학교라는 사실이다. 대한민국 수도, 서울의 100년 학교의 상황도 크게 다르지 않다는 예측이 나온다. 100년 이상 된 서울 종로구에 있는 4개 초등학교에서는 올해 신입생이 24~35명에 머물렀다. 서울 평균 입학생 수가 2023년 기준 98명인 것에 비하면 1/3에 미치는

---

2   이가람 외, "'이정후 모교'도 신입생 7명뿐…'100년 추억' 지우는 저출산[사라지는 100년 학교]", 중앙일보(2024.02.26.)

수준이다. 10년 뒤엔 100년 이상의 역사를 가진 초등학교 수가 1,416개로 늘어날 것으로 보이지만, 이중 절반(48.7%) 가까이가 폐교 위기에 놓일 것으로 분석되었다.

이러한 학령인구 감소 현상은 서울의 도봉고등학교, 성수공업고등학교, 덕수고등학교에서 일어나 폐교까지 하게 되었다. 그리고 2024년 10월 기준으로, 1기 신도시라고 할 수 있는 경기도 성남시 분당구의 청솔중학교는 폐교가 확정되었다고 보도되기도 하였다.[3] 초등학교에 이어 중등학교까지 연쇄적으로 나타나는 인구 재앙이 확인된 것이다. 이러한 저출생 태풍은 앞으로 학교교육 변화의 절대상수로 작용할 것으로 보인다.

그렇다면 학령인구 감소에 따른 학교교육의 위기를 극복할 방안은 없는 것인가? 본 장에서는 미래 사회 변화 중 학령인구 변화에 따른 학교교육 문법 재구조화에 초점을 두어 논의해 보고자 한다. 학령인구 감소로 인해 곧 다가올 '정해진 미래'에 대한 선구적인 혜안이 시급한 때이다.

2. 대한민국에 나타난 저출생의 사회 모습과 나비효과

전문가들은 세계적인 차원에서 바라보면 고령화는 근본적인 추세라고 입을 모은다. 과학기술의 발달로 의료산업이 확대되고, 보다 나은 안

---

3   이경진, "경기 분당 청솔중 폐교…1기 신도시서 첫 사례", 동아일보(2024.10.8.)

정적인 삶을 영위하면서 인간의 기대수명이 실제 늘어나고 있기 때문이다. 연구 결과에 따르면 지난 30년간을 대안정기(the Great Moderation, 1980-2008)라고 말하는데, 생산인구가 증가하여 국가가 발전하는 원동력은 바로 '인구'에서 비롯되었다고 해석하고 있다. 하지만 노동인구가 고령화함에 따라 노동력 감소와 실질적 생산력 감소가 나타나 인플레이션이 급등할 것으로 예견하고 있다. 또한 세금 인상과 추가 임금 인상 요인 등이 발생되며, 노인을 위한 증세 등의 정치적 압력도 사회문제를 가속화할 것으로 보인다. 고령화로 인한 다양한 사회문제가 대한민국에도 닥칠 정해진 미래라면 가장 먼저 인구 출생의 수가 충분히 뒷받침해 주어야 한다.

하지만 우리나라는 2020년부터 인구 자연감소국으로 분류되었으며 인구 자연증감은 계속 이어지고 있는 중이다. 한 연구 보고에 따르면 2022년 기준 나라별 출산율 순위로 볼 때 총 237개국 중 홍콩 0.77명 다음인 0.78명으로 236위를 기록했으나, 2023년 기점으로 대한민국은 연간 출산율 0.72명으로 홍콩과 순위가 바뀌었다.[4] 대한민국은 2023년에 122,800명 감소하여 235,093명이 출생했다고 통계청이 발표하였으며, 2023년 4분기 출산율만 볼 때 0.65명으로 곤두박질쳤다. 전 세계에서 유일하게 0.6명대에 진입한 국가가 된 것이다. 인류가 단 한 번도 가 보지 못한 미증유(未曾有)의 길을 대한민국이 가고 있는 것이다.

---

4 달스경제, 2023년 합계출산율 잠정 발표 내용 요약, 달스의 투자학개론, 2024.2.28., https://blog.naver.com/dutyfrees/223368249456?&isInf=true

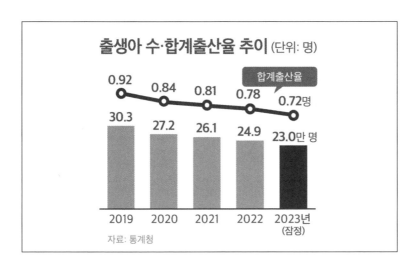

출생아 수·합계출산율 추이 (단위: 명)

합계출산율

연도	합계출산율	출생아 수
2019	0.92	30.3
2020	0.84	27.2
2021	0.81	26.1
2022	0.78	24.9
2023년 (잠정)	0.72명	23.0만 명

자료: 통계청

모(母)의 연령별 출산율 및 합계출산율
(단위: 가임여자 1명당 명, 해당 연령 여자 인구 1천 명당 명)

	2022년	2023년p	2022년 4/4분기	2023년p 1/4분기	2/4분기	3/4분기	4/4분기	전년 동기차
합계출산율	0.78	0.72	0.70	0.82	0.71	0.71	0.65	-0.05
24세 이하	2.5	2.3	2.3	2.3	2.2	2.3	2.2	-0.1
25~20세	24.0	21.4	21.5	23.8	20.7	21.2	19.9	-1.6
30~34세	73.5	66.7	65.7	76.7	65.9	64.4	59.8	-5.9
35~39세	44.1	43.0	40.3	48.9	41.8	42.6	39.2	-1.1
40세 이상	4.1	4.1	3.8	4.5	4.0	4.0	3.8	-0.0

여기서 더 놀라운 사실은 줄어드는 인구 감소 수치보다 인구 감소 속도가 계속 빨라지고 있다는 것이다. EBS 〈100세 토크〉 제작팀이 방영한 〈100세 수업〉을 살펴보면(2018) 우리나라의 생산가능인구 변화를 아래와 같이 제시했다. 급격하게 줄어드는 인구 감소는 생산가능인구를 줄게 하고 시간이 갈수록 그 속도가 더 붙는다는 것이다. 이는 앞으로 생산 노동력의 부족과 경제력 약화로 이어질 것이라는 전망을 내놓게 한다.

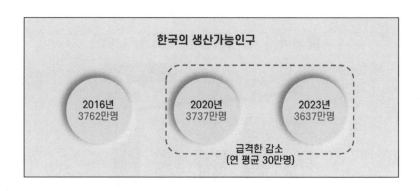

한국의 생산가능인구

2016년
3762만명

2020년
3737만명

2023년
3637만명

급격한 감소
(연 평균 30만명)

이서균(2017)의 2016~2026 중장기 인력 수급 전망에 따르면, 고등학교 졸업생의 추이가 2016년에는 61만 명이었으나 2020년은 55만 명이었고, 2024년은 40만 명이라고 보고한 바 있다. 4년간의 고등학교 졸업생 수의 간격이 6만 명에서 15만 명으로 급속하게 줄어든 것을 알 수 있다. 2024년 기준으로 대학 정원 52만 명 대비 약 12만 명이 부족한 실정으로, 이러한 현상은 앞으로 사회 안정 및 경제 발전에 지대한 영향을 미칠 것으로 해석된다.

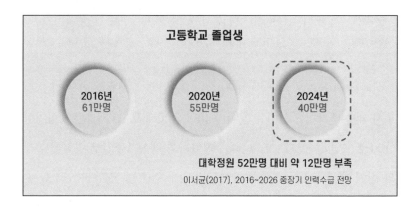

고등학교 졸업생

2016년
61만명

2020년
55만명

2024년
40만명

대학정원 52만명 대비 약 12만명 부족
이서균(2017), 2016~2026 중장기 인력수급 전망

다음 표는 대한민국 인구 피라미드를 보여 주는데, 대한민국의 노동인

구와 복지 세금의 변화를 알 수 있게 해 주며 사회 전반에 걸친 기형적인 구조로 인구절벽을 맞이할 것으로 예측된다.[5]

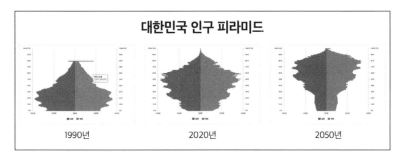

출처: 통계지리정보서비스 SGIS plus

이처럼 대한민국의 저출생은 이미 시작되고 있으며, 전 세계 중 가장 빠르게 감소하고 있어 미래 사회의 변화에 큰 변수라고 볼 수 있다. 인구 감소는 학령인구의 수를 예측하게 해 주며 공교육의 지각변동을 예고하고 있다. 따라서 근본적인 저출생 대책과 교육학적 대안이 요청된다.

3. 학령인구 변화에 따른 학교교육 문법 재구조화 방안

학령인구 감소 추세는 쉽게 전환되지 않을 흐름에 서 있다. 학령인구에 대한 명확한 방향성과 교육정책이 추진되지 않으면 지금의 하향 곡선은 수십 년간 지속될 것으로 보인다. 학령인구 감소는 몇 년 사이에 개

---

5 https://www.youtube.com/watch?v=t6wRxOufGhs (9분 2초)

선될 이슈가 아니며, 수십 년 동안 여러 세대가 함께 복합적으로 작동될 때 그 효과가 나타날 것이다. 따라서 현재의 학령인구에 대한 교육 방식과 교육적 결과가 미래 사회에 유익한 영향력을 미칠 수 있는 정책이 필요하다.

이에 학령인구 감소에 따른 학교교육 문법을 재편하여 현재의 플랫폼을 개선하는 대전환의 관점에서 접근해 보고자 한다. 그리고 교육정책을 통해 학교교육의 체질 개선과 앞으로의 사회적 변화도 도모하고자 한다. 인구 감소는 사회구조 및 국민의 삶과 연관된 이슈이기 때문에 유기적인 종합 대책을 보여 주기 위한 방안으로 본 제안에서는 교육정책의 범위에 한정해서 살펴본다.

(1) 학교구를 통한 자유등록제 제도 신설

학교구(school cluster)는 낱개의 포도 알맹이가 모여 송이를 이루듯 단위 학교들이 모여 하나의 군을 이루는 것으로, 일정 지역 내 근거리에 위치하면서 학생들이 요구하는 다양한 교육과정을 최대한 수용할 수 있는 학교 간의 연합체를 의미한다.[6] 학교구를 형성하게 되면 복수 학교에서 함께 작동하는 교육활동을 상상할 수 있다. 학령인구 수가 줄어드는 것에 대한 문제를 단일 학교 안에서 독자적으로 해결하는 관점에서 벗어나 지역 내 여러 학교가 함께 네트워크를 구성하여 교육활동을 하는 거시적인 교육정책 디자인이 가능하다. 학교구는 학습자의 필요와 요구가 반영된 다양한 수업을 수강할 수 있다는 점이 가장 큰 매력이라고 할 수

---

6 조호제(2015). 학교구 고교 간 역할 분담에 의한 진로별 교육과정 구현 방안 연구. 고려대학교 대학원 박사학위논문.

있다. 학생 개개인의 개성과 적성을 기르는 교육을 실현하기 위해서 학생과 학부모의 교육적 요구를 학교구를 통해 반영할 수 있기 때문이다.

우선 초등의 경우 방과후학교의 한정적 과목 수강을 해결할 수 있다. 방과후 수업은 학생의 적성과 소질 등을 고려하여 정규 교육과정 이후에 이루어지는 교과 외 교육과정 활동인데, 학생과 학부모의 교육적 수요가 다양하지만 단일 학교 내에서 이를 충분히 고려하여 과목을 개설하는 것은 늘 한계가 있었다. 그래서 인기 있는 강좌는 선착순으로 빠르게 마감되기 때문에 추첨하는 방식을 현재 사용하고 있다. 발 빠르게 접수하지 못하거나 운이 없어 추첨에 떨어지면 학생이 원하는 과목은 다음 분기에도 수강할 수 있다는 보장이 없다.

하지만 학교구를 형성하게 되면 다양한 학교에서 개설되는 공통 과목이 열리게 되어 교육적 공급이 가능한 방과후학교 설계가 가능하다. 예를 들어, 영어 수업을 듣고 싶지만 늦게 신청하거나 추첨에 당첨되지 못해 듣지 못한 학생도 인근에 있는 다른 학교에 가서 수강할 수 있는 것이다. 한편, 생명과학 같은 특별한 과목을 수강하고 싶지만 소속 학교에 없는 경우 이를 해소하는 방안이 되기도 한다. 즉, 학생의 적성과 소질을 개발해 줄 수 있는 방과후학교의 범위가 단위 학교가 아닌 학교구로 확장되면서 기존의 문제점을 해결하는 동시에 학령인구 수가 줄어도 학교의 공교육 활성화에 크게 기여할 수 있다.

중등학교의 경우는 더욱 이점이 높다. 우리나라의 경우 고등학교는 다른 나라에 비해 상대적으로 입시 준비 학교로서의 성격이 짙다. 현재 고교 과목을 대학과 연계시켜 학생의 적성과 능력에 맞는 진로를 설정하고, 고교−대학을 통해 자신의 인생 포트폴리오를 설계하는 고교학점제를 추진 중에 있다. 이것은 진학계 고교에서 학생들에게 학습권과 선택권을 다양하게 부여할 수 있다는 장점이 있으며, 직업계 학생들에게도 자신의 직업 적성과 기술을 실습해 볼 수 있는 실질적인 기회를 제공한다는 점에서 매우 바람직하다.

중학교에서도 자유학기제를 추진하면서 학생의 꿈과 끼를 발현하는 행복 교육을 추진한 지 10년이 되었다. 한 학기 이상 진로별 학습 기회를 보장받을 수 있도록 한 이 정책은 단일 학교의 과목 개설을 넘어 복수 학교의 과목 개설을 연동시킨다면 교육적 효과가 클 수 있다. 학교구가 형성되면 오후에 일정 시간 이후 다른 학교에서 과목을 수강하거나 특정 요일 하루 다른 학교에서 수강하는 방식 등 교육과정을 재구조화하여 디자인할 방안은 매우 많다. 이처럼 학교구는 중등학교의 경우 학생들의 미래 진로와 연계하여 특성화하고, 학습 선택권을 만족시켜 줄 수 있다는 점에서 학생과 학부모의 교육 만족도가 높을 것으로 기대된다.

미국 대도시에 소재한 마그넷 스쿨(Magnet school)은 이러한 사례를 성공적으로 보여 주는 모델이다. 학생 개개인의 개성과 적성을 기르는 교육을 실현하기 위해 학생 또는 학부모의 학교 선택권을 존중하는 사례이기도 하다. 수학, 과학, 예술, 직업 등 교육과정 중 특정 과목을 특성화함으로써 그 분야에 관심이 있는 학생 및 학부모에게 학구 간 선택을 허용하는 방식을 취했다. 일명, 자유등록제(open enrollment plan) 제도를 마련하여 학교구 안에 있는 모든 학생과 학부모의 교육 만족도를 높이고, 실질적인 공교육 활성화를 인구 감소 현상 속에서도 원활히 지원할 수 있는 제도로 높이 평가받고 있다.[7] 이러한 제도는 학교구 형성을 통해 초등에서는 방과후학교를 활성화하고, 중등에서는 자유학기제와 고교학점제를 더욱 강화하는 데 실효성이 높을 것이다.

(2) 유휴 교실을 활용한 특성화학교 활성화

학생 수가 지속적으로 줄게 되면 학교에 유휴 교실(idle classroom)이 발생한다. 여분의 교실 공간은 특별실 또는 다목적실 등 학교 여건과 필요에 따라 다양하게 쓰는 것이 지금까지의 활용 방법이었다. 하지만 학령인구가 지금보다 더욱더 급감하면 유휴 교실의 수가 과잉으로 남게 되는 현상이 빚어진다. 기존 유휴 교실은 한시적이었던 이전 상황과 다르게 반영구적인 유휴 교실로 그 성격이 바뀌게 된다. 즉, 앞으로 유휴 교실은 교실로 사용할 계획이 없거나, 특정 용도로 사용하지 않으면 불필요한 교실로 규정된다.[8] 이미 농산어촌 학교에서는 반영구적인 유휴 교실로 전환된 지 오래되었으며, 유휴 교실을 넘어 유휴 학교 또는 유휴지로 '쓰지 않고 묵히는 학교 또는 땅'이 되어 버렸다. 인구 감소의 추세를 볼 때 유휴 교실이 재전환될 가능성은 제로에 가깝다. 따라서 유휴 공간을 단지 특별교실로만 활용하는 기능적 관점을 넘어 학교경영에 효율적인 용도로 활용할 수 있게 하는 정책적 관점이 요청된다.[9]

---

7   박종필(2016). 미국의 미래학교가 학교 및 교사 교육에 주는 시사점 탐색: SOF를 중심으로. 한국교원
    교육연구, 33(4), 45–67.

8   윤준영(2019). 학생 중심 학습 환경 조성을 위한 유휴 교실 활용 방안에 대한 연구: 경기도 지역 유휴
    교실의 실태와 활용 가능성을 중심으로. 인문사회21, 10(3), 661–676.

9   곽재국(2013). 구도심권 유휴 교실의 아동교육시설로의 활용 방안 연구. 한국교원대학교 교육정책전
    문대학원 석사학위논문.

하나의 성공적인 예로, 구 경기도교육청 북부청사의 경우 '몽실학교'의 공간으로 활용되면서 유휴 공간에 대한 교육적 활용 사례로 긍정적인 평가를 받기도 했다. 한 연구에 따르면 유휴지를 활용할 때 동아리, 학생자치회, 학교 숲 등 자연체험 공간이나 배드민턴, 농구, 탁구 등 체육 활동을 위한 주민 편의 및 여가시설 등으로 활용하는 것이 필요하다고 조사된 바 있다.[10] 이것은 유휴 공간을 활용하는 관점에서 학교뿐만 아니라 지역 주민까지 고려하여 학교와 지역사회가 함께 활용하는 장소로 그 기능이 변화해야 한다는 것을 시사한다. 그럴 경우 유휴 공간은 마을과 학교가 이어질 수 있는 다리 역할을 할 수 있으며, 교육청과 지자체가 협력하는 거버넌스의 주요 핵심 소재가 될 수 있다.

이러한 접근은 하나의 모델로도 창출이 가능하다. 학교 유휴 교실을 예술가에게 제공하고, 예술가는 그 대가로 양질의 문화예술교육을 학교와 지역사회에 제공하는 정책을 목표로 둔다. 이것은 '학교 안 예술가 사업'으로 이어지며, 학교-지역 연계 문화예술교육은 도시재생사업으로 연결망이 구축될 수 있다.[11] 이 모델은 다음과 같은 교육적 효과를 만들어 낸다.

첫째, 학생이 살고 있는 마을에서 자유로운 예술 창작 활동을 할 수 있으며, 정규수업(고교학점제, 자유학기제) 또는 방과후학교 등의 공간 환경이 마련된다.

둘째, 학교에 예술가가 상주해 있거나 예술가의 작업장 또는 교육실습

---

10 홍섭근, 김인엽, 오수정(2019). 경기도교육청 소유 유휴지 활용 계획. 경기도교육연구원 현안보고 2019-07.

11 박찬수(2022). 학교 유휴 교실 활용 도출을 위한 모델 연구. 문화예술교육연구, 17(3), 197-220.

실로서 유휴 교실이 활용되어 일상적인 문화예술교육이 가능하다.

셋째, 예술가의 역할과 기능이 활성화되면서 문화예술교육이 혁신되고 관련 직종의 일자리 창출로도 이어진다.

넷째, 이러한 혁신적 재편을 통해 도시재생 뉴딜사업이 가능하다. 지역사회의 학교를 중심으로 학교교육 혁신 모델을 만들어 내면서 지역사회의 도시 회복과 인구 소멸을 막는 도시재생의 획기적인 플랫폼이 마련될 수 있다.

지금까지의 모델은 문화예술의 키워드로 예시를 든 것이라면 과학, 기술, 생태, 전통, 농업 등으로도 확장 가능하다.

최근 일본에서도 저출생에 기인한 학생 수 감소로 인한 여유교실(餘裕敎室)을 활용한 교육정책을 보여 주고 있다. 일본은 여유교실을 학교 내와 학교 외의 용도에 부합하는 맥락에서 정부와 지자체가 이원적으로 지원 활동을 펼치고 있으며, 교육청과 지역사회가 학교교육공동체와 함께 공동 비전을 설정하여 일본의 '활용 가능 교실'을 생산해 내고 있는 상황이다.[12] 예를 들어, 시즈오카현 야이즈시의 ○○소학교는 방과후 아동클럽을 이용하려는 아동들의 수가 지속적으로 증가하자 지자체 복지보건부 교육위원회가 소학교와 협의하여 여유교실을 활용하였고, 교토부 우지시는 ○○소학교 내 12교실 이상의 여유교실을 전용해 고령자 복지시설을 설치하면서 학교 안에서 세대 간 교류를 도모하고 있다. 이와테현 니코시는 장애인 학생의 통학거리 과중으로 인한 불편함을 해소

---

12 정진주(2019). 활용 가능 교실의 국내외 동향 비교 및 효율적 활용 방안 연구. 인문사회과학기술융합학회, 9(10), 257-269.

하기 위해 소학교의 여유교실을 활용하여 주민으로부터 오랜 요청이 있던 특별지원학교의 분교실을 개설하기도 하였다.

영국은 잉여교실(surplus-classroom), 미국은 사용하지 않는 교실(unused classroom), 독일은 사용하지 않는 교실(unbenutzten klassenzimmer), 핀란드는 빈 교실(empty classroom) 등으로 부르며 미사용 교실에 대한 국가 차원에서의 교육정책을 마련하고 있는데, 향후 5년 뒤 학령인구가 줄어 미사용 교실이 많아진다는 정해진 미래를 고려해 볼 때 학교구를 중심으로 반드시 기획해야 할 교육정책이라고 할 수 있다. 이러한 정책은 SOC 사업의 일환으로 아동 및 노인 데이케어센터 운영 또는 이런 센터와 학생 봉사활동 등과 같은 교류 체험의 효과가 있을 것이며, 지역 특색에 맞는 창업지원센터를 통해 경제를 활성화시키고 학생의 진로와 직업 기회를 창출해 줄 것이다. 초·중등 학생에게는 전통 예절 및 농가 체험 등의 기회가 가능하여, 대도시에서 현재 하고 있는 도농 간의 교류 체험도 충분히 흡수할 수 있을 것으로 기대된다. 마지막으로 가정 내 부모와 자녀가 소통할 수 있는 다양한 기회를 이전보다 훨씬 많이 가지면서 학교의 교과 중심 교육을 전환하는 '가정 기반의 경험 교육'을 제공하는 교육적 효과가 있을 것으로 판단된다.[13]

(3) 공동육아교육과 공동교육과정 개발

한때 공동육아교육이 붐을 일으켰던 적이 있다. 혼자서 육아를 담당하는 것이 아니라 '모든 아이가 우리 아이다'라는 생각으로 육아를 분담하

---

13 이재림(2020). 학교 유휴시설 활용 생활형 SOC 사업 정책 방향 연구: 일본 유휴 교실 및 폐교 활용을 중심으로. 한국교육녹색환경연구원학술지, 19(4), 1-14.

는 방식을 말한다. 공동육아는 부모의 시간과 에너지를 효율적으로 관리할 수 있게 해 주며, 산후우울증이나 경력 단절 같은 출산 이후의 후유증을 해소해 주는 하나의 해결책으로 각광받아 왔다. 무엇보다 공동 부모들의 다양한 경험과 직업이 연결되면서 혼자보다는 많은 사람이 함께 아이를 키우는 것이 좋다고 실제 체감하고 있다고 말한다.

최근 늘봄정책이 학교 안으로 들어왔다. 아직 과도기에 있지만, 늘봄학교는 출산율이 낮아지고 맞벌이가정이 늘면서 2024년 교육부와 17개의 시도 교육청이 기존 방과후수업과 돌봄교실을 통합하고 개선하여 만든 것이 근본적인 취지다. 학생의 성장과 발달을 위해 정규수업 외에 학교와 지역사회의 다양한 교육 자원을 연계하여 제공하는 종합 교육 프로그램으로 볼 수 있다.

하지만 늘봄학교는 아직 해결해야 할 많은 문제점이 있다. 우선, 늘봄학교를 담당할 전문적 강사가 확보되지 않았으며, 이에 대한 예산 확보도 충분치 않은 실정이다. 무엇보다 학교의 행정 부담이 해소되지 않아 학교 안에서는 늘봄정책이 썩 달갑지 않은 상황이다. 초등교육을 해야 하는 초등학교에서 학생의 보육까지 담당해야 하기 때문이다. 학교가 모든 것을 빨아들이는 블랙홀인 양 온갖 행정 및 재정적인 일을 국가가 학교에 전가하고 있는 실정이다. 현재 교육부는 이를 해결하기 위해서 교육(지원)청에 늘봄지원센터를 구축하고 학교에 늘봄학교 전담조직인 늘봄지원실을 설치·운영하여 현장을 지원한다는 선까지 방안을 내놓고 있는 시점이다. 하지만 여전히 늘봄강사에 대한 질적 문제와 교육적 안전장치는 사각지대에 놓여 있으며, 충분한 행정적 지원이 부족하다는 것이 중론이다. 학령인구 감소를 해결하기 위해 공교육에서의 저출산 대책 프로젝트를 실천한 방안이지만 아직 갈 길이 멀고 그 실효성은 지켜봐야 할 길목에 있다.

이러한 난제를 해결하기 위하여 '공동육아교육'의 연장선상에서 '공동교육과정' 개발을 제안한다. 공동육아교육의 취지를 살려 늘봄학교 안에 공동교육과정을 개발하는 방식이다. 여기서 공동교육과정은 늘봄학교에 있는 동안 학생들이 양질의 교육을 받고, 이에 합당한 자격이 있는 강사가 채용되어 단일 학교만이 아니라 학교구 내 어디든 집과 가까운 곳에서 공동육아를 가능하게 하는 프로그램을 말한다. 또한 강사는 단일 강사를 넘어 늘봄지원센터를 구심점으로 여러 강사들이 다양한 늘봄학교에 참여하여 학생들이 풍성한 양질의 교육을 받도록 할 수 있다. 그러면 정규교육은 아니지만 늘봄학교라는 정규보육의 개념으로 인식이 개선되어 맞벌이가정이 안심하고 자녀를 맡길 수 있다.

현재 늘봄학교는 아이들을 충당할 수 있는 양질의 인적자원과 재원이 부족하며, 무엇을 가르치고 배울 것인가에 대한 콘텐츠 논의가 전무하다. 우리나라의 저출산은 아이를 낳고 키우기 어려운 사회구조적인 문제가 제일 크다고 보고 있다. 이러한 근본적인 원인을 생각한다면 공교육하에 늘봄교육이 정상화될 수 있도록 체계적인 교육과정이 마련되어야 하며, 공동교육과정을 통해 학교구 안 어떤 늘봄학교이든 공통으로 배우고 필수적으로 보육을 받는 양질의 교육과정이 필히 개발되어야 한다.

(4) 공적 에듀타운 제도 신설

학교구는 기존의 유휴 교실을 활용하여 학교와 지역사회의 활성화에 기여할 수 있다는 것을 앞서 살펴보았다. 이것이 가능하기 위해서는 학교구라는 범위 안에서 실질적으로 활성화할 수 있는 추가적인 정책이 요청된다.

벨기에의 '학습 및 재설계를 위한 연구실(learning and redesign lab)'이 소개한 미래 교육의 모습은 '전통적인 공간 개념 없이 지역사회와 통합되는 학교'라고 말하며, '서로에게 배우는 장소'가 될 수 있는 학교의 모습을 그려냈다. 그러면서 학습공원(learning park) 또는 학습가족(learning family)을 상정하고 있는데, 이것은 물리적 공간과 가상공간을 포함한 지역사회 속에서 사람들이 일상적인 관계를 맺으면서 학습공동체로 살아가는 것을 말한다. 이것은 '지역 기반 협력 교육공동체'이며, 지역사회의 구성원이 교육에 대한 공동 책무성을 갖고 함께 참여하여 미래 교육을 열어 간다는 것이 특징이다. 학습공원은 다양한 학습정원이라는 도제적 하위 기관을 두어 조직적으로 연계하고, 다양한 주체가 거버넌스를 이끌어 줄 수 있도록 하는 공공적 시스템을 갖추고 있다. 대표적인 사례로 우리나라에는 홍동마을과 풀무학교가 있다.

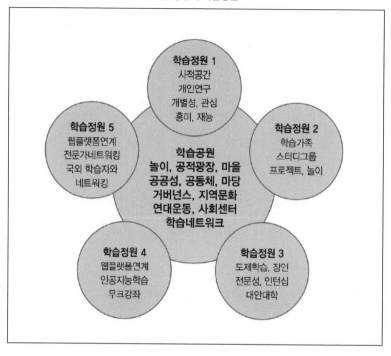

출처: 김영철, 임진철, 장슬기(2017: 96) 재인용[14]

이러한 콘셉트를 바탕으로 학교구는 다양한 에듀타운을 도제적 장치로 두어 학교구 형성 정책의 실효성을 높일 필요가 있다. 에듀타운은 최근 아파트 단지를 중심으로 학생들이 사교육을 받기에 최적화된 지역을 부르는 용어로, 부동산 가치 및 지역의 교육 수준을 우월하게 인식받고자 하는 교육열에서 만들어진 용어이다. 서울, 수도권을 중심으로 대치동, 평촌 등에서 시작하여 이제는 작은 마을 지역에서도 사용되고 있다.

---

14 김영철, 임진철, 장슬기(2017). 미래 사회의 마을교육공동체 발전 방향. 경기도교육연구원 현안 보고 2017-25.

따라서 학교구에 공적 에듀타운과 같은 교육공동체 위원회(학습정원)를 형성하여 학교구 시스템을 체계적으로 보완하는 방법을 생각해 볼 수 있다.

여기서 학교구의 범위를 명확하게 설정할 필요가 있다. 일정 지역 내 학교의 집합을 지칭하는 용어는 학교구, 학구, 학군 등이 있다. 우선 학군은 「초·중등교육법시행령」제16조에 의해 중등학교 통학구(通學區)를 지칭하는 용어이다. 일반적으로 학군은 여러 학교를 합쳐 구성된 학교의 군(郡)을 의미한다. 즉, 지역별로 구분해 놓은 중학교와 고등학교의 무리를 의미한다. 한편, 학구는 통학구와 같은 의미로 특정 지역 주민의 자녀에게 특정한 학교에 갈 것을 지정해 놓은 구역을 말한다.

학군이 중등학교에 해당된다면, 학구는 초등학교를 대상으로 지칭하는 경우가 많다. 학교가 일단 정해지면 그 학구 내에 거주하는 학생은 해당 학구 내 학교를 다녀야 하며, 제도적으로 정해져 있기 때문에 강제적 규정을 갖는다. 일정한 지역적 공간을 묶어 단위화한 것으로 볼 수 있으며, 지역에 따라 공동학구 등이 설정되기도 한다(조호제, 2015, p.57). 학교구는 초등의 경우 학구의 범위에서, 중등의 경우 학군의 범위에서 기존 제도와 발맞추어 설정하는 것이 편리하다. 여러 학교가 무리를 지어 운영되는 학교구의 범위는 초등(학구)에 비해 중등(학군)이 더 공간적으로 확장되어 있는 것을 알 수 있다. 이것은 학생들이 배우고자 하는 다양한 교과나 과목을 수강하거나 진로와 관련된 진학 및 직업의 기회를 받는 데도 적합하다.

따라서 학교구 내에 여러 공적 에듀타운을 신설하여 학교구와 함께 연동하는 교육 생태계를 구축한다. 이것은 단일 학교에서 운영되는 학교운영위원회를 확대시킨 제도이다. 학교구가 마련되고 복수의 학교들이 연대하여 교육활동이 운영되면 여러 학교를 공동으로 운영할 수 있는 조직체가 필요하다. 다양한 학사운영 관리와 학점제, 방과후학교 자유등록제 등 학습 커리큘럼을 구성하는 기획 단계에서부터 평가하는 단계까지 코디네이터 역할은 물론 코칭, 자문, 감독까지 하는 공적 기구가 필요하다. 이처럼 학교구 내 공적 에듀타운 신설로 지역사회와 학교를 연계한 새로운 거버넌스가 형성되면 기존의 교육정책에서 해결하지 못한 늘봄학교, IB 프로그램, 방과후학교, 자유학기제 및 고교학점제 등의 정책을 보완할 수 있고, 학령인구 감소에 대한 새로운 형태의 교육 플랫폼을 기획할 수 있다.

(5) 학교구 스쿨버스 시행과 온오프라인 교육과정 개설 제안

마지막으로 학교구에서 작동되는 가장 중요한 두 가지를 제안하고자 한다.

첫 번째는 학교구 스쿨버스의 전면 시행이다. 다른 학교와 함께 공동으로 운영되는 학교구 체제에서는 방과후학교 수업이나 다른 학교의 정규 교과목을 수강하기 위해 이동하는 일이 발생한다. 따라서 학생들의 안전을 책임지고 학생과 학부모의 교육적 요구를 시스템적으로 지원하기 위해서는 학교구 스쿨버스가 시행되어야 한다. 학교구 스쿨버스는 모든 학생들이 바우처 형태로 이용할 수 있도록 하며, 실제 비용이나 카드가 아니라 앱을 통해 스쿨버스를 타고 이동할 수 있게 한다. 현재 경기도 수원의 '똑버스'는 사전에 앱을 설치하고 로그인 등록을 마치면 목적지를 설정하여 자신이 가고 싶은 곳을 카드 없이 갈 수 있다. 학교구 스쿨버스도 지정된 학교를 보기(학교와 특성화된 교과목 병기)에 제시하고, 그 학교를 스마트폰으로 지정하여 승하차가 편리하게 설정되어 있는 방식으로 운영할 수 있다. 모든 학생이 아니라 일부 학생들이 다른 학교에 가는 수요가 발생되기 때문에 복잡하거나 밀집도가 높지 않을 것이다. 이러한 제도는 교육청 중심보다는 지자체를 중심으로 추진하는 것이 효과적이다. 예를 들어, 앞서 말한 수원 광교의 똑버스는 오전에는 시민을 중심으로 활용하고, 점심시간 이후 방과후학교(초등)를 위해 활용할 수 있다. 자유학기제나 고교학점제(중등) 등은 주 5일 중 2일 정도를 지역에 따라 분산하여 활용하면 매우 유익한 공공버스의 기능을 할 수 있을 것이다.

두 번째는 학교구 내의 다양한 특성화 교육이 반드시 오프라인으로 일어날 필요가 없다는 것이다. 코로나19 이후 우리는 비대면으로 학습하고 에듀테크를 통해 시공간을 초월하여 학습하는 시대에 살게 되었다. 앞으로의 교육도 마찬가지이며, 교육정책도 이러한 맥락에서 접근해야 한다. 공동의 방과후학교 수업이나 자유학기제 또는 고교학점제를 수강할 수 있도록 공동 온라인 프로그램을 개발한다. 이미 K-MOOC나 지식샘터와 같이 다양한 교육과정을 아카이빙하여 학습자 맞춤형으로 선택하고 있는 정책이 있다. 마찬가지로 학교구 내 방과후학교 수업도 학생들이 하교 후 집에서도 수강할 수 있게 하면 어떨까? 또는 늘봄학교에서도 준비된 공동교육과정으로 온라인수업을 진행하면 적절한 수업들이 맞춤형으로 충분히 가능할 것이다. 중등의 경우도 마찬가지다. 고교학점제의 경우 공강 시간에 온라인 강좌를 수강하거나, 날씨나 이상기후로 인해 불가피하게 똑버스를 이용하지 못할 경우 실시간으로 원격 강의를 하는 시스템을 통해 학생들은 온라인 교실(빈 유휴 교실 활용) 등을 활용하여 듣거나, 스터디카페와 도서관에서 학습이 가능하다.

이처럼 학교구 스쿨버스와 온오프라인 교육과정 개설은 앞서 제안한 다양한 정책을 촘촘히 연결해 주는 마디정책(node)으로 실질적인 학교교육 문법을 재구조화하는 데 획기적인 역할을 할 것이다.

4. 새로운 교육방식에 대한 학교교육 문법 재편이 필수

인구 감소는 학령인구의 감소를 가져오는 교육 재앙이다. 단순히 단편적인 교육정책으로 대비해서는 쓰나미 같은 인구 감소 재앙을 극복할 수 없다. 따라서 학령인구 변화에 따른 학교교육의 문법을 재구조화해야 하고, 그러기 위해서는 더 거시적인 관점과 지속적인 맥락에서 교육정책을 바라봐야 할 필요가 있다.

필자는 학교라는 기본 단위를 중심으로 편성되어 있는 교육정책을 넘어 '학교들'이라는 복수의 단위로 접근하여 학교구 정책, 즉 메타적 교육정책을 제안했다. 학교구라는 렌즈를 통해 학령인구 감소로 나타날 폐교나 유휴 교실에 대한 활용법을 제안했고, 늘봄학교, 방과후학교, 자유학기제, 고교학점제 등 기존의 교육정책에 대한 문제점을 해결하는 방안으로 학교구 정책과의 접점을 탐색해 보았다. 그리고 실질적인 주체를 학습공원의 개념으로부터 가지고 와 학습정원과 유사한 공적 에듀타운을 공교육에서 구현하는 것을 제안하였으며, 이러한 역할과 기능이 학교구 안에서 실질적으로 작동하기 위한 학교구 스쿨버스와 온오프라인 교육과정 개설을 마디정책으로 제안했다.

이러한 제안이 혹시 유토피아적인 상상이라고 생각되는가? 아니면 이미 국내외에서 시행되는 사례들을 학령인구 감소에 따른 교육 문제의 해결책으로 활용하는, 또 우리가 반드시 시도해야 하는 교육적 상상으로 생각되는가? 본 장에 제시된 다양한 사례와 출처들이 분명 '교육적 가능성'을 제시해 줄 것이라고 보며, 학령인구 변화에 따른 학교교육의 문법이 재편될 수 있는 단초가 되길 희망한다.

늘봄학교, 저출산 대책으로
성과를 낼 수 있을까
: 늘봄학교 논란과 갈등 속의 학교

홍섭근

1. 뜨거운 감자, 늘봄학교

2024년 새해부터 늘봄학교 정책에 대해 교원 단체, 공무원·공무직 노조, 학부모 단체 등 교육 주체 간에 많은 논란과 갈등이 있었다. 늘봄학교는 현 정부의 국정과제이다. 2024년 상반기에 2,000개 학교, 하반기에 전체 초등학교로 확대하고 2026년까지는 모든 초등학생이 활용하게 한다는 계획을 세우고 있다. 즉, 늘봄학교를 통해 교육과 돌봄을 통합하여 학생에게 제공하겠다는 포부를 가지고, 교육부는 현재의 심각한 저출산 문제를 늘봄학교로 극복한다는 계획을 세우고 있다.

구체적으로는 2023년 기준, 초등학생의 방과후학교 참여율 50.3%, 돌봄교실 참여율 11.5%를 2026년까지 100%로 달성하겠다고 밝혔다.[15] 이용 시간도 지금까지 오후 1~5시까지(돌봄은 수요에 따라 오후 7시까지) 운영

---

15 2024년 초1, 2025년 초1−2학년, 2026학년 모든 초등학생 대상.

했던 것을 정규수업 전 아침, 정규수업 후 희망 시간(최장 오후 8시)까지로 했다. 운영 공간은 학교 내 돌봄교실과 일반학급 등 학교 안팎의 다양한 교육 공간으로 했고, 기존 돌봄–방과후는 수익자(학부모) 부담이었지만 100% 무료(국가 지원)로 한다고 밝혔다. 운영 방식은 교원의 행정업무 부담은 경감하고 늘봄지원실을 설치·운영한다고 했다. 본 장에서는 늘봄 학교의 현재 상황과 문제, 향후 과제에 대해서 다루어 보려 한다.

2. 저출산에 영향을 주는 공교육의 현 상황

우리나라는 OECD 국가뿐 아니라 전 세계에서 출산율이 가장 낮다. 저출산의 원인은 다양하고 복잡하다. 청년층 사이에서 저출산이 하나의 문화로 자리 잡았다는 해석부터, 선진국 대부분에서 유사한 상황이 일어나고 있다는 해석을 하기도 한다. 혹자는 부모 세대보다 못사는 첫 번째 세대라서 자기 몸 하나 건사하기 어려우니 결혼이나 육아가 사치라 생각하는 청년층이라는 해석도 있다. 가장 큰 문제는 우리나라가 워낙 빠르게 출산율이 떨어지고 고령인구가 급격하게 늘어나는 상황이다 보니 충격파가 더 크다는 것이다. 사회 구조가 기형적으로 변해 고령인구에 대한 복지비용이 경제 규모에 비해 급격하게 커지는 반면, 세금을 낼수 있는 생산가능인구는 줄어들고 있다.

저출산 문제 해결 방안에 대해 전문가마다 다른 시각을 가지고 있어 의견이 분분하다. 또한 젊은 층과 현장의 신호를 해석하지 못하는, 전문가라고 칭하기 어려울 정도인 이들이 현 상황에서 정책을 좌지우지하며 주도하는 것이 어렵다. 백약이 무효이고, 근본적인 해법을 만들기도 어려워 보인다.

교육 분야로 한정해서 본다면 공교육과 사교육에서 비롯된 많은 문제들이 저출산에 일정 부분 분명한 영향을 미치고 있다. 저출산의 원인 중 하나는 여성의 경력 단절 문제이다. 아이가 초등학교에 입학하는 순간, 하교 시간 이후 아이 돌봄 문제로 직장을 휴직 또는 사직해야 하는 상황에 놓인다. 초등학교 저학년(1~2학년)이 1~2시 내외로 하교하기 때문이다.

또한 방학 중에는 돌봄 공백이 커 맞춤형 시스템이 있는 사교육에 의존하게 된다. 초등학교 내 돌봄교실과 방과후 프로그램이 있지만 선택권이 다양하지 않고, 학교별·지역별 격차도 크다. 또한, 이동 수단도 마땅하지 않고, 프로그램의 질도 천차만별이다. 수준 높은 프로그램이라기보다는 학교에서 머물다 가는 정도의 수준에 그치고 있다. 그렇기에 도심에 사는 많은 학부모는 방과후학교나 돌봄 프로그램을 이용하기보다 사교육을 선택한다. 이러한 악순환으로 초등학교 공교육은 더욱 신뢰받지 못하게 되었다. 이 점에 있어서 정규교과 시간과 방과후학교·돌봄교실의 질이 왜 차이 나는지 구체적으로 생각해 볼 필요가 있다.

3. 방과후학교와 돌봄교실의 문제점

학교·지역마다 차이가 있으나 방과후학교는 주 대상이 1~6학년이고, 돌봄교실은 주 대상이 주로 저학년(1~2학년)이다. 최종 책임자는 학교장이라 학교의 재량권이 상당하다. 방과후학교와 돌봄교실에 대해 좋다, 나쁘다 단정 지을 수는 없다. 다만, 결론적으로 교육부나 시도 교육청에서 '계륵'의 형태로 방과후학교나 돌봄교실을 바라보았고, 그것이 국민(학부모)에게 투영되었다고 생각한다. 현 상황으로 볼 때 굳이 손대서 좋을 것은 없고, 어찌 되었건 시행 중이니 피곤하긴 하지만 가지고 가야 하는 정책 정도로 여긴 것이다. 그 때문에 운영 방식은 기형적이고 학교별·지역별 편차가 크다. 운영 책임은 단위 학교 학교장에게 있지만, 실제 이 정책을 이끌어 가는 이들은 비정규직(강사)이다. 공교육 영역 안에 들어왔지만 사교육의 또 다른 형태로 생각되기도 한다. 그도 그럴 것이 방과후학교나 돌봄교실 운영 종사자의 대부분은 비정규직 노동자의 형태이다. 학교에 일시적으로 소속되어 있으나 언제든지 바뀔 수 있는 단기 노동자의 형태이고, 그 질 차이도 무척 크다. 도심지역에서는 해외 유수의 대학 출신들이 취미로 아이들을 가르치기도 하는 반면, 농촌지역에서는 가르칠 사람이 없어 누구라도 환영하는 경우가 많은 상황이다.

규모가 큰 학교에서는 대부분 방과후학교를 전문 업체와 계약해서 운영한다. 업체를 통해 인력을 고용해서 유지하는 형태이다. 방과후학교를 공교육 속 또 하나의 사교육으로 보는 이유가 이것이다. 방과후학교 강사들은 1인 사업자 형태이며, 현행법상 무기계약직 대상에서는 제외되고 있다.[16] 소규모 학교에서는 업체와 계약하기보다는 강사들과 직접 계약하기도 하는데, 그 때문에 학교에서 방과후학교 담당 업무는 대표적인 기피 업무 중 하나이다. 수많은 강사들의 수업이나 계약 문제에 관여

---

16 강사들의 고용 문제나 처우 문제는 워낙 첨예한 문제라 짧게 언급하기 어렵다.

해야 하는 경우가 많기 때문이다. 일부 지역에서는 전보가산점 등을 인정하고 있지만, 점수를 안 받고 관련 업무를 맡지 않겠다는 의견이 대다수다.

돌봄교실은 방과후학교보다 쟁점이 더 많다. 돌봄교실을 운영하는 주체가 과거에는 교사였으나 점진적으로 돌봄 공무직(노동자)으로 변화하고 있다. 일부 시도에서는 초창기에 승진가산점을 주기도 하였으나, 여러 이유로 교사를 배제하고 돌봄 공무직으로 전환하여 운영하고 있다. 그렇지만 방과후학교와 마찬가지로 교사가 아예 배제되긴 어렵다. 책임을 지는 누군가가 있어야 하기에 교감이나 교무부장 등이 아직도 돌봄교실에 관여하고 있다. 돌봄교실의 운영 시간도 보통 정규교과 수업 이후부터 하기에 8시간 근무가 보장되진 않는다. 보통 4~6시간 근무가 이루어지고 있는 상황이다. 일부 시도에서 8시간 근무하는 공무직의 근무 형태가 도입되고는 있으나, 협상 당사자인 시도 교육청과 노조 측의 협상 상황은 늘 난항을 겪고 있다. 학교 현장과 실제 돌봄 업무 수행에 대한 전문성의 차이, 업무 수행 여건의 차이 등의 간극이 크다. 대부분 예산과 인력 관리 문제로 귀결된다. 이러한 상황을 초래하게 될 것을 예상했다면 초창기에 교육행정직 등 정규직을 선발·배치했으면 해결될 문제였다고 생각하는 이들도 있지만 만시지탄일 뿐이다.

이 외에도 방과후학교나 돌봄교실에 대해 여러 이야기를 할 수 있겠지만, 워낙 쟁점이 많아 여기서는 짧게 언급하고 늘봄학교에 대해 주로 논의해 보려 한다.

4. 놓치고 있는 늘봄학교 정책에 대한 문제점

(1) 정체성과 담당 주체의 모호성

늘봄학교는 사실상 기존 초등학교 교사 및 공무원(공무직)의 근무 형태와 아이들의 수업 시간을 바꾸는 일이다. 즉, 정규학교 외에 방과후학교를 신설하는 방식과 유사하다. 하지만 인력과 예산에 대한 고민 없이 기존 시설·인력·공간을 활용하라고 하면서 학교 측에서 알아서 하라고 하고 있다. 명칭의 변화만 있을 뿐 구체적인 지원 체계에 대한 고민이 없다. 학교는 업무 총량이 늘어나게 되고, 총량이 늘어나면 이것이 누구 업무인지에 대해 교육 주체 간 갈등이 빈번하게 발생하게 된다.

2024년에는 한시적 기간제 교사 2,000명을 배치하고, 2학기부터 지방직 공무원과 늘봄지원실을 점진적으로 늘려 배치할 것이라고 한다.[17] 교육부는 2025년 3월 1일자로 초등 1,452명, 특수 42명의 늘봄지원실장(늘봄연구사)을 배치한다고 한다. 하지만 이 방식이 언제까지 이어질지는 미지수다. 한시적인 담당자를 배치하는 것이 결국에는 교사의 업무가 될 것이란 예측이 나오고 있고, 거의 모든 교원 단체에서 반대 성명을 내고 있다. 전체적인 업무 재구조화나 근본적인 인력 증원 없이 기존 이들에게 업무를 맡길 가능성이 커지는 것이기 때문에 이러한 반응을 교사 이기주의로만 볼 수는 없다.

늘봄지원실장은 큰 규모의 학교는 지방직(또는 교육전문직)이 담당하고,

---

17 이러한 계획은 과거에도 종종 있었지만 지켜지지 않은 공수표가 많았다. 대표적으로 수석교사 증원, 스포츠강사, 영어회화 전문강사 증원 등이다. 늘봄지원실장(늘봄연구사)이 2026년 이후에도 지속적으로 선발될지는 미지수다.

작은 규모의 학교는 교감이 담당하게 한다고 한다. 교육전문직은 행정기관인 교육지원청이나 연수원 등에만 배치되었지 학교에는 배치된 전례가 없어 혼란이 자명하다. 주체별·기관별 동상이몽이 될 상황이 자명한 것이, 지금까지 교육부의 사업은 모호성으로 인해 성공한 사례가 거의 없다는 것이다. 소규모 학교의 늘봄지원실장은 교감이 담당하게 한다고 했는데, 그것은 결국 교사의 역할이 될 것이다. 지금까지 교육부나 장관이 늘봄학교를 교원의 역할로 두지 않겠다는 약속과 정면 배치되는 상황이다.

늘봄지원실도 문제지만 기존 방과후학교 강사나 돌봄교사들의 역할에 대해서는 아직까지 오리무중이다. 어떠한 언급도 없다. 아마 노조 측의 반발을 예상해서라 본다. 이들이 늘봄학교로 흡수·통합되는지, 기존 역할 그대로 유지되는지에 대한 여부도 알 수 없다. 노조 측에서는 반발하는 것과 동시에, 일부에서는 정규직화(8시간 상시근무)를 요구하고 있는 상황이다. 교육행정직은 늘봄지원실장을 맡길 것이면 학교장 자격증까지 달라고 하고 있다. 늘봄학교 정책은 그야말로 주체별 갈등이 최고조인, 마치 화약고와 같은 학교에 기름을 부은 격이다. 결국 소리 없는 전쟁터에서 제대로 된 역할 분담에 대한 논의가 없어 학교 구성원 간의 노-노 갈등은 최악의 상황을 맞을 가능성이 있다. 업무 총량은 늘어 가는데, 구체적인 역할 분담이나 지원 계획(예산, 인력) 없이는 학교 안에서 아무런 변화나 운영 동력이 없다. 이러한 방식은 공교육의 신뢰 저하와 교육의 질 하락을 초래할 수밖에 없다.

(2) 수요의 문제

기존에도 방과후학교나 돌봄교실의 수요가 그리 많지 않았다. 대부분 저렴했기 때문에 비용 문제 때문은 아니다. 방과후학교나 돌봄교실이 외면받는 것에는 여러 이유가 있는데, 그중 하나가 질과 선택권의 문제가 크다. 이런 방식을 고수하고 있는 학교의 문제를 개선하지 않고, 무리하게 물리적 통합을 하면서 늘봄학교에서 초등학생을 100% 수용하겠다는 것이 문제이다. 학부모에게 선택권이 없고, 아이들에게 학교가 감옥이 될 수도 있다. 아동학대가 될 우려가 있다는 말이 여기에서 나오는 것이다.

교육부는 2024년 초에 예비 초1 학부모 5만여 명을 대상으로 한 수요조사에서 늘봄학교에 참여하겠다고 응답한 학부모가 83%라고 밝혔다. 한 국회의원실에서 발표한 설문[18]에서는 학부모의 50%만이 동의한다고 밝혔다. 이는 대상의 차이인데, 교육부의 설문 대상은 예비 초등 학부모였고, 의원실에서 발표한 자료는 전체 학부모였다. 초등학교를 경험한 이들과 경험하지 않은 이들의 차이다. 늘봄학교는 아직 실체가 없기에 뭐라 단정짓기 애매하지만, 기존 방과후학교나 돌봄교실에 대한 학부모의 만족도는 크게 높지 않다는 것을 엿볼 수 있는 자료이다. 정작 늘봄교실을 야심차게 추진하여 학생 100%를 수용하겠다고 밝혀도 대상자들은 동의하지 않고 여전히 사교육에 의존하는 것을 택할 것이라고 예상할 수 있는 것이다. 방과후학교나 돌봄교실을 개선하지 않고서는 공교육에 대한 신뢰를 회복하긴 어렵다는 뜻이다.

---

18 강득구 국회의원실(2024.2.7.)에서 발표한 늘봄학교에 대한 교육 주체 설문

(3) 공간의 문제

간혹 초·중·고교의 현실을 모르는 이들, 또는 학부모가 아닌 이들은 학교를 바라볼 때 자신의 입장만 고려해서 말하기도 한다. 예를 들어, 구도심에서 학교의 학생 수가 줄어들고 있으니 학교 운동장을 주차장으로 활용하자고 한다. 또는 강당을 주민 편의시설로 상시 개방(야간, 주말 포함)하자고 한다. 아니면 폐교를 활용해서 어린이집이나 유치원 등 교육시설을 짓자고 한다. 지역 정치인이나 지역 주민이 이런 요구를 교육청에 하고, 정치인들은 공약으로 만들기도 한다.

이러한 발상 자체는 신선할 수 있으나 대부분은 교육계의 현실과 동떨어진 말들이다. 학교 운동장을 상시 개방하면 학생들의 안전문제가 발생하기에 어려움이 있다.[19] 폐교는 보통 지역 소멸이 되는 곳, 또는 학령인구가 없는 곳에 발생하기에 어린이집이나 유치원 등의 시설을 짓기도 어렵고, 초·중·고교 학생이 쓰던 시설과 유아 시설은 차이가 커서 리모델링에 많은 비용이 발생한다. 또한 폐교 시설은 보통 교통이 안 좋은 곳에 위치하여 인접성이 떨어져 활용 가치가 생각보다 높지 않다. 이렇듯 교육 현장을 모르는 단순한 아이디어만으로는 교육 현장이 획기적으로 바뀌기 어렵고, 실현되기 어렵다. 인력과 예산 이외에도 공간의 문제는 정책의 기본이라는 뜻이다.

늘봄학교 정책에서도 공간의 문제에 대해 매우 단순하게 접근하고 있다. 기존 교실을 늘봄(방과후-돌봄)으로 쓰면 된다는 것이다. 도심지역의 학교는 과밀이라 더 이상의 공간도 없다. 교사 휴게실이나 연구실, 심지

---

19 사실상 불가능에 가깝다.

어 특별실도 없다. 모듈러 교실이라 불리는 임시 구조물, 컨테이너 박스에서 수업하는 학생들도 있다. 반면, 농어촌 지역의 학교는 운동장은 넓으나 건물이나 교실은 작은 경우가 많다. 그래서 생각보다 유휴 공간(교실)이 많지 않다. 늘봄학교를 강제하여 확산한다면 교사들의 연구실이나 개인 업무를 볼 공간 또한 사라질 것이다. 근무지에서 업무 처리를 할 공간이 없다니 이게 무슨 황당한 상황인가. 또한, 농어촌 지역에서는 이동 수단의 문제로 방과후―돌봄 수요가 없는 경우도 있는 등 지역별 격차가 크다.

단순히 교사의 반대 때문이 아니다. 학교의 상황이 이러한데 늘봄학교를 전면 실시하겠다는 것 자체가 무리수가 따른다. 공간의 문제로 아무것도 실현하기 어렵다. 도심과 농어촌 학교의 수요(학생)와 공급(학교 시설)의 엇박자를 해결할 길이 요원하다.

(4) 이동 수단의 문제

학부모가 선호하는 사설 학원 대부분은 통원 차량이 학생들을 학원과 집까지 태워 준다. 도심에서 초등학교 고학년 이상이 되면 버스나 도보로 이용하기도 하는데, 그런 경우가 흔치는 않다. 방과후학교나 돌봄교실을 주로 이용하는 초등학교 4학년 이하 학생들이 독립적으로 이동하긴 어렵다. 결국 학교에서 이동 수단을 제공해야 하는데, 이를 위한 학교 버스는 특정 시도(강원도, 경북, 전라도)에는 일부 있지만 도심지역의 시도 교육청 소속 학교는 대부분 없다. 외국의 경우 스쿨버스를 운영하는 경우가 일반적인데 우리나라는 그렇지 않다. 07시부터 20시까지 운영한다는 것이 늘봄학교의 목표라면 이른 아침이나 야간에 학생들의 안전을 위한 이동 수단을 갖춰야 하는 것이 자명하다. 그렇지 않으면 결국 학생 이동은 학부모의 몫이 된다. 그렇다면 대규모로 버스 임차를 해야 하는 상황이 발생한다는 것인데, 현재 현장체험학습 버스비도 감당하기 어려운 상황인 학교에서 이를 감당하기는 어려울 것 같다.

(5) 학생 안전의 문제

07시부터 20시까지 늘봄학교를 운영하게 된다면 단순히 아이들을 가르치고 관리하는 인력만 필요한 것이 아니다. 안전요원 인력과 안전시설에 대한 확보가 필요하다. 이른 아침이나 야간에 학교는 외부인의 침입에 무방비로 노출된다. 만약 나쁜 의도를 가진 외부인이 학교에 침입하여 학생이나 담당 인력에게 위협을 가하거나 범죄를 저지르는 상황이 발생할 때 이를 보호해 줄 인력이 학교에는 없다. 학교는 보안시설이 아니다. 과거의 사례를 볼 때 대낮에도 이런 일이 종종 있었다. 하물며 새벽과 야간에는 더욱 비상 상황이 된다. 이러한 상황을 감안한다면 늘봄학교의 운영은 단순히 수치(학교 수 확대)에 집착할 일이 아니다. 지하철 화장실만 하더라도 비상벨 설치가 되어 있는 곳이 다수이다. 골목길 등에는 가로등과 함께 CCTV가 상당수 의무 설치되어 있다. 안전시설도 문제지만 안전요원을 누가 담당할 것인지도 문제이다. 섬마을과 농어촌 시골 학교에도 안전요원이 올 수 있을까? 단순히 봉사 인력으로 해결할 수 있는 문제가 아니다. 이것까지 고려한다면 늘봄학교는 단순한 정책이 아니라 또 하나의 학교를 만드는 차원으로 넘어가야 한다.

⑹ 학교폭력 문제

교원이 늘봄학교에 얼마나 관여할지는 여전히 미지수다. 그렇지만 확실한 것은 정부 발표대로라면 기존 정규교과 운영 시간의 두 배에 달하는 시간을 학생들은 학교에 있게 된다. 그것도 2026년까지 100% 의무화하기로 되어 있다. 코로나19 시절 학교폭력이 감소했다는 자료가 있다. 이 시기에는 학교에 머무는 시간이 적었기에 학생들끼리의 충돌이 거의 없었기 때문이다. 반대로 학교에 정주하는 시간이 두 배가 늘고, 학생들의 활동 시간이 두 배로 늘어난다면 산술적으로 학교폭력도 두 배로 늘어날 수밖에 없다. 문제는 이 시간에 정규 교원이 있지 않다는 것이다. 학교폭력 사안 중 가장 어려운 사안이 교사가 직접 보지 않은 사건이다. 학교 외부나 심지어 학원, 해외에 있었을 때의 학교폭력 사안까지 학교가 감당해야 하는데, 늘봄학교가 운영된다면 학생 간 학교폭력 사안은 현재보다 심각하게 증가할 것으로 예상된다. 이러한 상황을 현재 학교에서 감당할 수 있을지 걱정스럽다. 현재도 과부하 상태라 교육청으로 전면 이관을 요구하는 상황이다. 전담조사 인력이 올해부터 시행된다고 하나, 이것이 어떻게 정착될지는 두고 봐야 한다. 학교폭력 사안 이외에도 수많은 민원의 홍수 속에서 학교는 민원 상담센터가 될 가능성이 농후하다. 사족이 될 수 있으므로 여기까지만 이야기하겠다.

⑺ 학생들의 조식, 석식 문제

초등학교에서 중식은 무상급식 형태로 영양(교)사와 조리 종사원들이 책임지고 있다. 위탁 시스템이 아니라 직영 시스템으로 운영한다. 중식 한 끼를 만들기 위해서 많은 시간이 소요되며, 그 금액도 천문학적이다.

과거 선거에서 일부 시도 교육청이나 지자체의 공약이 조식, 석식 제공인 적도 있었으나 현실적인 학교 현장의 상황 속에서 대부분 폐기되었다. 시범 실시나 간편식 제공이 일부 남아있긴 하나 일반화되긴 어렵다.

결국은 인력과 예산 문제이다. 늘봄학교를 전면 실시하고, 모든 초등학생을 학교에 남긴다고 할 때 반드시 수반되는 문제가 아이들의 조식과 석식 문제이다. 단순 예산뿐 아니라 인력을 두 배 내지 세 배로 늘려야 한다는 계산이 나온다. 현재도 조리 종사원의 업무 강도나 산업재해 문제 등으로 인해 상시 모집을 하고 있고, 조리 종사원의 연령대가 높은 편이다.

아침, 저녁으로 간편식을 제공한다고 하더라도 학생들의 영양 불균형 문제가 불거질 수밖에 없다. 고칼로리, 고염분의 가능성이 높은 간편식 제공은 학생들의 식생활 불균형 문제, 비만과 성인병 문제까지 야기할 가능성이 높다. 이것을 사전에 해결하지 않는다면 늘봄학교는 심각한 문제에 봉착할 수 있다. 학부모는 단순히 학생을 수용하는 것에는 관대하더라도 먹는 것에는 민감하게 반응할 가능성이 높기 때문이다.

(8) 늘봄학교의 질(격차) 문제

늘봄학교는 방과후학교와 돌봄교실의 통합 모델이다. 방과후학교와 돌봄교실에서 직접 학생을 담당하는 인력은 강사들이다. 이들은 정규직이 아니며, 단기계약의 형태로 학교에 들어온다. 워낙 많은 인력이기에 경력이 탄탄하고 책임감 있는 이들도 있으나, 그렇지 않은 이들도 있을 수밖에 없다. 도심과 농어촌은 고민 자체가 다르다. 도심은 누구를 뽑아야 할 것인가에 대한 고민이라면, 농어촌은 어떻게 사람을 구해야 할까에 대한 고민이다. 획일적인 잣대를 들이밀기에는 그야말로 천차만별의 상황 차이가 있다. 정규교과 시간에 초등교사가 학생들을 가르치는 상황과 비교할 수 없다는 뜻이다.

정규 교사가 되려면 교육대학교 졸업–임용고사–임용 후 연수–자격연수(1급 정교사 등)의 과정을 거친다. 사람(교사)에 대한 투자도 상당하다. 승진 체계도 있다(교사–교감–교장, 수석교사 등). 또한, 교사들은 순환근무제로 3~5년 안에 전보를 한다. 격차 해소 때문에 전보를 실시한다고 알려져 있다. 그러나 강사에게는 이러한 과정이나 시스템 자체가 아예 없다. 이들에게 의존하는 늘봄학교는 질(격차) 문제가 지속적으로 발생할 수밖에 없고, 지금 현재 하고 있는 강사들은 언젠가 어떤 방식으로든 무기계약을 요구하게 될 것이다. 이 과정에서 지난한 진통을 거칠 것이고, 예산의 급격한 증가로 학교는 많은 어려움에 처할 것이다. 이 많은 인력을 결국 정규직화해야 하는 상황이 되면 본말전도의 상황이 발생한다. 과거 교육공무직의 무기계약직화로 인한 교육청의 예산 문제와 같은 상황이다.[20]

각종 불협화음이 발생할 것이 자명한데, 단시간 내 늘봄학교를 추진한다는 것 자체가 어불성설이다. 강사에 대한 고용 안정성, 책무성, 중·장기 로드맵 등이 있어야 한다. 이것에 대한 해결책이 사전에 논의 및 제시되지 않는다면 교사와 학부모에게 늘봄학교 역시 기존 방과후학교나 돌봄교실처럼 냉소적 평가의 대상에 그치고 말 것이다.

---

20 현재는 시도 교육청에서 무기계약 공무직을 최소한으로 운영하는 방침을 세우고 있다.

(9) 지원 예산의 문제

늘봄학교는 교육부 국정과제이다. 그런데 현재까지 알려진 바로는 시도 교육청 지원 예산이 없는 것으로 기사로 확인되고 있다. 추후 추가 예산이 나올지는 모르겠지만, 논의 초반에 이렇게 된 것 자체가 문제가 있다. 학교에 머무는 시간을 두 배로 늘리는데 시도 교육청 자체 예산으로 운영하라는 것은 정책적 의지가 없는 것으로 보인다. 유보통합 예산도 중앙정부 지원이 없는데 늘봄학교 예산까지 추가되는 상황이라면 새로운 정책 추진과 기존 공교육의 운영 자체가 어려워지게 된다. 늘봄학교는 구호에 그치고 실제 추진은 상당히 어려워질 것으로 보인다. 과거 중앙정부와 시도 교육감 측이 오랜 난항을 벌인 누리과정 사태가 재연될 가능성도 커진다. 종국에 누리과정은 중앙정부 예산 지원으로 마무리되긴 했지만, 늘봄학교는 어떻게 될지 지켜봐야 할 것 같다.

(10) 늘봄학교 운영 시 최종 책임자의 문제

07시부터 20시까지 학생들이 학교에 머무는 시간이 늘어나는 것에 비례해 각종 안전사고가 발생할 가능성도 커진다. 이에 대해 지금처럼 9시부터 17까지 정규수업 중 책임을 지고 있는 학교장, 교감, 행정실장, 교사에게 책임을 묻기에는 무리수가 따른다. 이들이 07시부터 20시까지 근무하는 것도 문제이고, 근무하지 않는데 책임만 묻는 것도 문제이다.

늘봄학교 운영 시 발생할 문제와 관련하여 각종 소송이 난무할 것이고, 오롯이 개인이 감당해야 한다. 시스템상으로 보완책을 만들지 않는다면 운영에 있어 심각한 차질이 예상된다.

(11) 늘봄학교와 지역사회 연계의 허상

계획서상에는 다양한 모델이 나와 있다. 그러나 실제로 다양한 모델이 창출되기는 어렵다. 의무 사항이 아니기에 그렇다. 지지자체나 외부 기관과 연계하는 것도 허울뿐이지 실제 구현되긴 어렵다. 지자체와 연계한 일부 긍정적인 모델은 있지만, 수년째 확산될 기미는 없다. 지자체는 교육에 관심이 별로 없는 경우가 많다.

누군가 책임을 지고 추진하는 구조가 되어야 정책이 실현된다. 단위학교에서 책임지고 하라고 하니 학교 내에 있는 구성원이 떠맡듯이 업무 수행을 해야 할 것이다. 기존에 교사들은 부장이나 담임도 기피했다. 현재 부장 수당 15만 원, 담임 수당 20만 원으로 인상되었음에도 수당을 안 받고 부장, 담임을 하지 않는 것이 낫다고 여기는 상황에서 늘봄담당 업무까지 맡기는 것은 현실적으로 불가능에 가깝다.

인센티브를 주는 것도 한계에 봉착한다. 앞서 언급한 한 의원실의 설문조사에서 교사 83.4%가 승진가산점을 반대하였고, 수당 지급 방식도 교사 61.6%가 반대했다. 승진가산점은 과거 학교폭력 예방과 관련하여 대대적으로 만들었지만 지금은 신청률도 저조하고 무의미하다. 그렇지만 수당 지급에 대해서 설문 응답 교사의 38.4%가 긍정적으로 인식했다는 것에 주목해 볼 필요가 있다.

5. 근본적 질문에서 답을 찾다

늘봄학교의 추진은 과거 정부의 초등학교 3시 하교제와 유사한 정책이다. 거기에 방과후학교와 돌봄교실을 기형적으로 접목시킨 방식이다. 학교의 교육 주체가 일시적 계약직, 비정규직이 다수이면 공교육의 질이 떨어질 수밖에 없다. 늘봄학교는 태생적 접근부터 잘못된 방향으로 가고 있다. 한 가지 더 덧붙이자면 저출산 대책이라고 말하면서 학부모의 노동 시간에 대한 접근이 잘못되었다. 유럽이나 OECD 선진국은 5시 이전에 부모 퇴근을 유도하고 있으며, 부모와 함께하는 시간을 늘리는 방향으로 교육목표를 잡고 있다. 그런데 우리나라는 8시까지 초등학교에서 학생을 맡아 줄 테니 부모들은 일을 더 하라고 한다. 이것이 저출산 완화에 도움이 될 것 같지 않다. 사회와 기업이 강제 참여하는 방향으로라도 부모의 노동 시간을 완화할 필요가 있다.

마지막으로 학생들에게 선택권을 주어야 한다. 최근 서열화된 한국 공교육 시스템과 학생의 성향이 맞지 않아 대안교육이나 외국 유학까지 알아보는 경우가 많아지고 있다. 이러한 강제적·폭력적 시스템을 겪은 3040세대들이 저출산을 선택했다는 분석도 있다. 늘봄학교에서든 과거 정책이든, 초등학교 오후 3시 일괄 하교에 대해서는 어쩔 수 없는 접근일 수 있겠다고 본다. 다만, 오후 8시까지 학교에서 맡아 준다고 하는 것은 아동학대 논란이 나올 수밖에 없다. 선택권이 없는 공교육으로 인해 그동안 얼마나 많은 학생들이 입시 스트레스와 학업 중단으로 인한 부작용을 겪어 왔는지 생각해야 할 때이다.

늘봄학교 시도 자체를 의미 없다고 보진 않는다. 과거 역대 정권에서도 유사한 정책이 시도되었다. 또한, 학생과 학부모의 필요성에 의해 도입되는 것에 대해서는 긍정적으로 생각한다. 그렇지만 현장이 얼마나 준비되어 있는지, 구현될 수 있는 구조인지, 인적·물적 자원과 예산에 대한 지원이 이루어질 수 있는지, 질적 담보가 되는지 등에 대한 고민을 하지 않을 수 없다. 더군다나 시행 주체 대부분이 반대하고 있는 상황에서 일방적 강행이 가능할지 모르겠다. 이미 시작부터 강한 저항에 동력이 상실되는 것이 아닌가 싶다.

위에서 언급한 여러 문제는 심각하게 논의해야 할 과제이다. 이 과제들이 해결되지 않는다면 늘봄학교의 시작과 동시에 공교육의 상황은 악화될 가능성이 크다. 준비되지 않은 늘봄학교의 시작은 공교육 붕괴의 신호탄이 될 수도 있다. 여건 마련, 구성원 설득, 중·장기적인 예산과 인력 지원이 필수 불가결하다. 교육은 중·장기적으로 국가 경쟁력과 학생들의 삶에 결정적 영향을 미칠 수밖에 없다. 그렇기에 긴 호흡으로 구성원을 설득해 체계적으로 설계하고 방향을 잡아야 한다. 특히 그 결과는 교육적인 것을 담보해야 한다.

교육과 돌봄은 구분하기 어렵고, 일정 부분 통합이 필요하다는 의견에는 공감한다. 그렇지만 현재의 방과후학교나 돌봄교실 문제를 뒤로한 채 새로운 장밋빛 구상에만 집착할 수는 없다. 그러한 아름다운 정책들은 문건 속에서나 존재한다. 5년 내로 학령인구가 100만 명 가까이로 감소한다는 전망이다. 교육과 돌봄이 국가 책임은 맞지만, 구체적인 실현 방안은 구성원이 함께 설계해야 한다. 위에서 밀어붙이는 정책이 성공했던 사례는 없다. 지금이나마 유지되고 있는 초등학교 공교육 시스템이 무너지면 출산율은 더욱 떨어질 수밖에 없다.

늘봄학교를 시작하려면 모델의 다변화와 함께 시도 교육청에 재량권을 주어야 한다. 예를 들어, 지역아동센터가 학교에 들어올 수도 있고, 거점형 돌봄센터가 시도 교육청 주관으로 운영될 수도 있다. 지자체 지원형이나 교육지원청 직영형, 민간위탁형 등의 모델도 고민해야 한다. 그리고 거기에 더해 학교와 교사 주도형도 하나 만들 수도 있을 듯하다. 매력적인 참여 방식과 인센티브를 제공한다면, 수당 지급 방식에 반대하지 않은 교사 38.4%가 자율적 의지로 참여하는 길이 열리지 않을까 하는 생각이다. 이는 학생 수 감소로 인한 과원교사 증가 문제를 생각하더라도 불가피한 방향일 것이다. 그리고 교사가 참여(주도)하는 늘봄학교는 지금과는 다른 새로운 방향으로 실현될 수도 있다.

그럼에도 불구하고 질보다 양에 집착하여 강제성을 둔다면 파행은 불가피할 것이다. 또한 조심스러운 이야기지만, 교육공무직이나 교육행정직에게도 자율적 참여 보장과 인센티브 제공에 대한 고민을 하지 않을 수 없다. 그들이 왜 기존 정책에 대해 반대를 해 왔는지에 대한 분석이 먼저 이루어져야 한다.

우리 앞에 지역 소멸, 인구절벽, 저출산, 노령화 등 받아들여야 하는 현실과 앞으로의 과제가 산적해 있다. 이러한 현실 앞에 교육은 어렵고 복잡한 난제이다. 그걸 제대로 풀어 갈 사람은 외부인이 아닌 교사와 구성원이 아닐까 싶다.

기초학력,
어떻게 진단하고 보장할 것인가

신창기

1. 늘어만 가는 기초학력 미달 학생들

2019년 12월, 코로나19는 전 세계로 확산되며 우리 사회의 여러 분야에 큰 영향을 미쳤다. 교육계도 예외는 아니었다. 코로나19로 인해 개학이 연기되고, 온라인 개학과 비대면 수업 등 사상 초유의 상황을 맞이하게 되었다. 비대면 수업과 대면 수업을 병행하며 적응해 나갔지만, 갑작스럽게 도입된 원격수업으로 인한 부작용도 많았다. 그중 대표적인 부작용은 학습 부진 학생의 증가였다. 특히 기초학력이 부족한 학생들은 비대면 수업에서 학습의 어려움을 더 크게 느낄 수밖에 없었다. 비대면 수업은 학생들에게 더 높은 자기주도적 학습 능력과 집중력을 요구하기 때문이다.

코로나19 이전에도 학습지원대상학생[21]은 꾸준히 증가하고 있었다. 학습지원대상학생은 학습 태도나 능력이 부족해 학습목표를 달성하는 데 어려움을 겪는 학생을 말한다. 수업에서 배우는 내용을 제대로 이해하지 못하고, 그 결과 성적이나 학습 동기가 낮아지게 된다. 결과적으로 학습지원대상학생은 자신감을 잃고 학교생활에 점점 더 무관심해진다. 이로 인해 수업에 대한 기대와 참여도는 떨어질 수밖에 없으며 책상에 엎드려 잠을 자기도 하는 등 학습을 회피하는 모습을 보이기도 한다.

비대면 수업의 장기화로 이러한 학습지원대상학생은 급증했다. 매년 실시하는 중학교 3학년과 고등학교 2학년 학생을 대상으로 한 학업성취도 평가에서도 기초학력 미달 학생의 비율이 이를 뒷받침하고 있다.

기초학력 미달 학생 비율

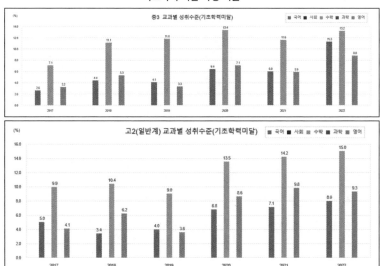

출처 : e-나라지표 학업성취도 평가(교과별 성취수준 비율)

---

21 「기초학력 보장법」 제2조(정의) 제2항에서는 기초학력을 갖추지 못했다고 판단되는 학생을 '학습지원대상학생'으로 명명했다.

코로나19 유행 전인 2019년까지 중학교 3학년, 고등학교 2학년 기초학력 미달 학생 비율은 국어 4% 내외, 수학 10% 내외, 영어 4.3% 내외 수준에서 유지되고 있었다. 그러나 코로나19 유행 이후인 2020년부터 기초학력 미달 학생은 국어 약 6~10%, 수학 약 13~14%, 영어 약 8~9%로 상승했다. 실제로 코로나19 전후 고등학생 수학 성취도 변화를 살펴본 연구에 따르면 2019년에 비해 2020년 하위권에서 급격한 점수 하락이 나타나 코로나19로 인한 학습 결손과 기초학력 부진 학생의 증가에 대한 우려가 사실인 것으로 확인되었다.[22]

코로나19 시기 학습 결손에 대응하기 위해 실시간 양방향 수업을 실시했음에도 비대면 수업은 대면 수업에 비해 교사 및 또래와의 소통이 제한적일 수밖에 없었다. 교사에게 적절한 피드백과 지도를 제공받기 어려운 비대면 수업이 지속되며 학습지원대상학생은 학습에서 더욱 소외되어 왔다. 이러한 기초학력 문제는 코로나19 이후 연일 언론에서 보도되며 교육계에 당면한 시급한 문제 중 하나로 자리 잡았다.

한편 초·중·고 사교육비는 해마다 급증하고 있다. 관련 통계를 살펴보면 2022년 사교육비 총액은 전년 대비 2조 6천억 원이 증가한 26조 원(전년 대비 10.8% 증가)으로 집계되었다. 학교급별로 초등학교 11조 9천억 원(전년 대비 13.1% 증가), 중학교 7조 1천억 원(전년 대비 11.6% 증가), 고등학교 7조 원(전년 대비 6.5% 증가)으로 나타났다.[23] 가장 최근에 발표된 2023년 초·중·고 사교육비 조사 결과도 주목할 만하다. 사교육비 총액은 사

22　김경근, 심재휘, 임혜정(2022). 코로나19를 전후한 고등학생 수학 성취도 변화: 실태 및 영향 요인. 교육과정평가연구, 25(4), 63–88.

23　통계청(2023.3.7.). 2022년 초·중·고 사교육비 조사 결과.

상 처음으로 27조 원을 넘어선 약 27조 1천억 원(전년 대비 4.5% 증가)이었으며 초등학교 12조 4천억 원(전년 대비 4.3% 증가), 중학교 7조 2천억 원(전년 대비 1.0% 증가), 고등학교 7조 5천억 원(전년 대비 8.2% 증가)으로 증가했다. 초·중·고 전체 학생 수는 약 521만 명으로 전년 대비 약 7만 명(-1.3%) 감소했음에도 오히려 사교육비는 모든 학교급에서 증가한 것이다.[24]

사교육비와 학습 지원이 필요한 학생이 함께 늘어만 가고 있는 이러한 현상은 교육격차로 바라봐야 한다. 부모의 소득격차로 인해 학생의 학습에도 격차가 발생하고 있는 것이다. 부모의 풍족한 지원 아래 부족함 없는 사교육을 받는 학생이 있는 반면, 형편이 어려워 학교교육에만 의존할 수밖에 없는 학생이 한 교실에서 함께 생활하고 있다. 이를 자본주의 사회에서 당연한 것으로 치부하고 방치해서는 안 된다. 교육의 권리와 의무는 「헌법」에 명시되어 있다. 모든 국민은 교육을 받을 권리를 가지며, 보호하는 자녀에게 교육을 받게 할 의무를 진다. 부모의 경제적 배경과 상관없이 교육을 통해 미래 사회에서 살아갈 학생들이 반드시 배워야 할 지식과 태도를 길러 주어야 한다.

기초학력 저하 문제가 날이 갈수록 심각해짐에 따라 국회 차원에서 「기초학력 보장법」을 제정하기에 이르렀다(강득구 국회의원 대표발의). 2022년 3월부터 시행된 「기초학력 보장법」은 기초학력 보장이 국가의 책무임을 분명히 명시했다. 기초학력의 개념이 무엇인가에 대해 아직 합의된 바는 없다. 경우에 따라서 기초학력, 기본학력으로 혼재되어 사용되

---

24 통계청(2024.3.14.). 2023년 초·중·고 사교육비 조사 결과.

기도 한다. 「기초학력 보장법」에서는 "학교교육과정을 통하여 갖추어야 하는 최소한의 성취기준을 충족하는 학력"으로 규정하고 있다. 이러한 기초학력은 학생으로서 보장받아야 할 최소한의 안전장치인 것이다.

이하에서는 기초학력과 관련된 내용을 살펴보고자 한다. 기초학력에 있어 우리가 놓치고 있는 부분은 무엇인지를 파악하고 현실적인 대안을 제시하고자 한다.

2. 기초학력 미달률, 믿을 수 있을까

우리나라에서는 매년 국가수준 '학업성취도평가'를 실시하고 있다. 2024년 현재 중학교 3학년, 고등학교 2학년 전체 학생 중 3%를 표집하여 평가를 수행한 뒤 관련 통계를 발표하고 있다. 최근 3개년 기초학력 미달 학생의 비율을 살펴보자. 수학의 경우 중학교 3학년, 고등학교 2학년 학생 모두 10% 이상의 기초학력 미달률을 보이고 있다. 이는 수학 교과 특성상 앞서 알고 있어야 하는 개념에 대한 이해가 충분하지 못하면 새롭게 배워야 하는 개념에 대한 학습이 어렵기 때문일 것이다. 또한 중학생의 경우 2022년에 이르러서는 국어 교과에서 11.3%의 미달률을 보이며 처음으로 10%가 넘는 비율을 기록하기도 했다. 전반적으로 모든 교과(국어, 영어, 수학)에서 기초학력 미달 비율은 증가하고 있는 추세를 보인다.

교과별 '1수준(기초학력 미달)' 비율(%)

구분\연도	중3			고2		
	국어	수학	영어	국어	수학	영어
2020	6.4 (0.4)	13.4 (0.59)	7.1 (0.43)	6.8 (0.52)	13.5 (0.75)	8.6 (0.64)
2021	6.0 (0.33)	11.6 (0.49)	5.9 (0.33)	7.1 (0.52)	14.2 (0.83)	9.8 (0.62)
2022	11.3 (0.88)	13.2 (0.57)	8.8 (0.54)	8.0 (0.53)	15.0 (0.83)	9.2 (0.62)

출처 : 교육부(2022.6., 2023.7.). 2021년, 2022년 국가수준 학업성취도 평가 결과
※ 표집 시행으로 인한 모집단 추정치이므로 괄호 안에 표준오차를 제시함.

이처럼 기초학력 미달 학생의 비율은 2022년 기준 10% 내외로 형성되어 있다. 한 학급에 25명의 학생이 있다면 대략 2~3명 정도의 학생이 기초학력을 달성하지 못한 상태라고 할 수 있다. 이러한 수치에 대한 해석은 저마다 다를 수 있다. 누군가는 심각하게 여길 수도, 혹은 대수롭지 않게 여길 수도 있다. 그러나 공교육의 책무성을 감안하면 이대로 두고 보기만 할 수는 없다.

또한, 성취수준 기준에 주목할 필요가 있다. 교육부는 교과별 성취수준을 다음과 같이 제시하고 있다. 교육부는 2020년 성취수준 평어를 기존의 우수, 보통, 기초, 기초학력 미달에서 4수준, 3수준, 2수준, 1수준으로 개선한 바 있다. 아무래도 평가 결과를 해석함에 있어 우수, 기초학력 미달과 같은 단어가 주는 학력 서열화(줄 세우기)와 같은 부정적인 느낌을 지울 수 없기 때문일 것이다.

성취수준 기준

성취수준	일반적인 특성
4수준	평가 대상 학년의 학생들이 도달하기를 기대하는 교육과정 성취기준의 거의 모든 부분을 이해하고 수행한다.
3수준	평가 대상 학년의 학생들이 도달하기를 기대하는 교육과정 성취기준의 상당 부분을 이해하고 수행한다.
2수준	평가 대상 학년의 학생들이 도달하기를 기대하는 교육과정 성취기준을 부분적으로 이해하고 수행한다.
1수준	평가 대상 학년의 학생들이 도달하기를 기대하는 교육과정 성취기준을 이해하기 위해서 많은 노력이 필요하다.

출처 : 교육부(2023.9.13.). 2023년 국가수준 학업성취도 평가 시행

매년 발표하는 국가수준 학업성취도에 빠짐없이 등장하는 통계는 '3수준(보통 학력) 이상 비율'이다. 물론, 3수준 이상 비율 또한 최근 3개년 수학 기준 중학교 3학년 57.7% → 55.6% → 49.7%, 고등학교 2학년 60.8% → 63.1% → 55.2%로 보통 학력 이상 학생의 비율은 지속적으로 줄어드는 추세이다. 이외에도 성별에 따른 성취수준의 차이, 지역 규모별(대도시, 읍면) 성취수준의 차이 등 통계적으로 의미 있는 분석 결과를 제시하고 있다. 이는 국가수준 학업성취도 평가 결과를 바탕으로 교육정책 수립에 기초가 되는 자료로 활용하고자 다양한 분석을 실시하는 것으로 이해된다.

그렇다면 '2수준(기초학력)' 비율에 관련된 분석은 왜 나오지 않는 것일까? 평가 결과 2수준으로 판정받은 학생은 기초학력이 달성된 것일까? 2수준에 해당하는 학생을 3수준 이상으로 끌어올려야 하지 않을까? 지금의 기초학력 미달률은 현실을 반영하지 못하고 있다. 실제로 학년 초 학생들의 학업 수준을 확인하기 위한 진단평가를 실시해 보면 학습에 많은 어려움을 겪고 있는 학생들이 기준 점수를 통과하는 경우가 흔

하게 있다.

기초학력과 관련된 논의에는 경계선 지적 지능 학생 문제가 함께 다루어지고 있다. 경계선 지적 지능 학생이란 장애와 비장애 사이인 경계에 해당하는 학생이다. 2수준에 해당하는 학생들이 이러한 경계선상에 있는 학생일 가능성이 높다. 이 학생들은 '느린 학습자'로 불리는데, 느린 학습자는 특수교육 대상이 아니기 때문에 관련 지원이 현저히 부족하다. 경계선상에 있는 학생을 위한 지원으로 교육(지원)청 단위로 학습종합클리닉센터가 운영되고 있으나 그 수와 학생에게 제공되는 프로그램의 내용은 매년 시도 교육청의 여건에 따라 가변적이다.[25] 센터 업무를 전담하는 상주 인력이 배치되어 있는 경우도 있으나, 그렇지 못한 시도 교육청의 경우 파견교사 혹은 계약직 신분의 학습상담사 등이 학생-학습코칭단 매칭, 지원 대상 학생 선정 등의 업무를 수행하고 있어 전문성의 축적과 프로그램의 질을 담보하기는 어려운 것이 현실이다.

이제라도 기초학력 미달 판정 기준을 높여야 한다. 2수준의 정의만 보더라도 해당 학년의 학생들이 도달해야 할 성취기준을 부분적으로 이해하고 수행하는 수준이다. 이 정도 수준으로는 기초학력을 달성했다고 보기 어렵다. 적어도 1, 2수준에 해당하는 학생들을 학습지원대상학생으로 판별하여 학생 특성을 고려한 맞춤형 교육과 지원이 이루어져야 한다. 기초학력 미달 판정 기준을 높이게 되면 지금보다 훨씬 높은 비율의 학생이 기초학력 미달로 드러나게 될 것이다. 그동안 외면하고 있던 사실을 이제는 직시할 때이다.

---

25   한국교육과정평가원(2020). 두드림학교 및 학습종합클리닉센터 역할 제고 방안(ORM 2020-40-19).

3. 코로나 시기 기초학력 보장을 위한 노력

앞서 살펴본 국가수준 학업성취도 평가도 기초학력 보장을 위한 노력 중 하나이다. 국가수준 학업성취도 평가는 초등학교 6학년, 중학교 3학년, 고등학교 2학년 전체 학생을 대상으로 2011년부터 시행되었다. 이후 2012년 각 시도 교육청은 학습부진 종합클리닉센터 설치, 2014년 기초학력 보장을 위한 초·중·고 '두드림학교' 운영, 2017년 기초학력 진단—보정 시스템 대상을 기존 초3~중3에서 초1~고1로 확대하는 등 기초학력을 위한 중앙정부와 각 지자체의 노력은 지속되어 왔다. 이러한 노력의 일환으로 2021년 7월 29일, 교육부는 '교육회복 종합방안' 기본계획을 발표한 바 있다. 코로나19 장기화로 인한 학습 결손을 보충하고 기초학력을 보장하기 위해 교과 보충 특별 프로그램을 운영한 것이다. 사용한 예산은 특별교부금 5,700억 원으로(2021년 2,200억 원, 2022년 3,500억 원) 약 178만 명의 학생에게 교과 보충 특별 프로그램을 무료로 제공했다.

코로나19로 인한 학습 결손에 대응하기 위한 교육부의 정책적 노력을 무의미했다고 평가할 수는 없다. 그러나 일부 언론에서 지적하는 것과 같이 단기간에 막대한 예산을 사용한 것은 부인할 수 없는 사실이다.[26] 5,700억 원이라는 예산은 소규모 지자체의 한 해 살림살이와 맞먹는 규모이다. 그동안 교육부와 각 시도 교육청은 기초학력 보장을 위한 다양한 정책적 노력을 이어 왔음에도 기초학력 미달 학생의 비율은 높아져

---

26 최예나, "기초학력 진단도 없이… 보충수업에 또 8000억 쓴다는 정부", 동아일보(2021.7.29.)

만 가고 있다. 막대한 예산을 투입했음에도 기초학력 미달 학생이 줄어들지 않는 이유는 지속성이 담보되어 있지 않기 때문이다. 코로나19 시기 학생의 학습 결손을 보충하기 위한 교과 보충 특별 프로그램 또한 곧 사라질 것으로 보인다.

교육은 그 특성상 단기간에 성과가 나타나기가 어렵다. 교육의 효과를 보기 위해서는 장기적인 관점에서 길게 보고 꾸준하게 정책이 이어져야 한다. 그런데 이처럼 단기간(1~2년) 막대한 예산을 집중해서 사용하고 이후 예산 부족으로 해당 정책을 줄이거나 없애는 방식으로는 어떠한 교육적 효과도 담보할 수 없다.

4. 학생에 집중할 수 없는 현실

기초학력 보장을 위한 대안 중 하나로 지목되는 것은 정규교육과정 내에서 지원해야 한다는 것이다.[27] 그렇다면 그동안 담임교사(담당 교과교사)와 같은 교사들의 노력이 부족했던 걸까? 그렇지 않다. 그동안 교사는 학생을 열심히 지도할 수 없는 환경에 처해 있었다. 교사가 학생(수업)에 집중할 수 없는 현실을 살펴보자.

첫째, 교육행정기관의 위계적 구조 문제이다. 우리나라 교육행정기관은 교육부-시도 교육청-지역 교육청-단위 학교의 명확한 상하 수직

---

27 김유리 외(2021). 기초학력 지원 방안을 위한 국제 비교 연구. 비교교육연구, 31 (1), 1-30.

적 구조를 이루고 있다. 학교는 상위 기관의 명령에 따라 수행을 담당하는 최하위 교육행정기관이다. 교육부·교육청이 단위 학교로 발송한 공문 수는 2020년 114만 8,604건에서 2021년 127만 4,618건, 2022년 130만 7,394건으로 매년 증가하고 있다.[28] 학교로 접수되는 공문 수가 과도함을 알 수 있다. 특히, 이러한 공문은 학교 규모와 상관없이 동일하게 발송되기 때문에 근무하는 교원 수가 적은 소규모 학교의 고통은 더욱 클 수밖에 없다. 한 사람당 접수 및 처리해야 하는 공문의 수가 늘어나기 때문이다.

이러한 구조적 문제로 인해 교사들은 수업에 집중하기 어려운 것이 현실이다. 교사는 교육과정, 수업 연구, 역량 향상을 위해 고민하기보다 눈앞에 닥친 공문을 접수하고 계획서를 구상하여 관련 예산을 어떻게 사용할 것인가를 고민하는 데 시간을 허비하게 된다. 학교로 부과되는 과도한 업무는 그동안 교육을 방해하는 주요 요인으로 지적되어 왔음에도 개선이 이루어지지 않고 있다.

둘째, 교사와 학교에게 가중되는 책임의 문제이다. 최근 논란이었던 '노란버스법'이 적절한 예시이다. 법제처의 유권해석과 경찰청의 과태료 부과 으름장은[29] 각 학교가 계획했던 현장체험학습을 줄줄이 취소하게 했다. 여론이 악화되어 연말까지 단속을 유예하겠다는 대책이 나왔

---

28 서동용 의원실 (2023.10.29.)

29 법제처는 '교육과정 목적으로 이뤄지는 비상시적 현장체험학습을 위한 어린이의 이동'에 이용되는 교통수단도 「도로교통법」 제2조 제23호에 따른 어린이 통학 등에 관한 규정에 해당한다는 유권해석을 내렸다. 경찰청 또한 현장체험학습을 위한 버스도 어린이통학버스 신고 대상에 포함되므로 위반 시 과태료를 물리겠다고 발표한 바 있다.

으나 유예는 유예일 뿐 결국 위법이라는 점, 혹시 모를 사고와 이에 따른 학부모의 민원과 고소·고발을 염려하여 대부분의 학교는 위약금까지 물며 학교 밖 교육활동인 현장체험학습을 교내 활동으로 대체하여 운영했다. 현장체험학습은 교육과정의 연장선에 있는 활동이다. 학교교육을 통해 배운 역사적 장소 등을 직접 눈으로 보고 체험하는, 학생의 학습에 실제적인 도움을 주는 명백한 교육활동이다. 그러나 교사와 학교에 점점 엄중하게 책임을 묻는 사회적 풍토가 확산되며 학교의 교육활동은 움츠러들게 되었다. 결국 그 피해는 오롯이 학생에게 전가되고 있다. 교실과 학교를 벗어나지 못한 채 시청각 자료로만 교육을 받고 있기 때문이다.

셋째, 법령으로 강제되는 교육이 과도하다. 사회적으로 큰 문제가 발생하면 이와 관련된 교육 내용이 학교로 부과된다. 세월호 참사 이후 초등학생을 대상으로 수영 실기 교육인 생존수영이 실시되고 있는 것이 대표적인 사례이다. 세월호 참사는 다시는 발생해서는 안 될 안타까운 사건이다. 그러나 무고한 많은 사람들이 희생된 이유가 수영을 하지 못해서였는가? 가만히 있으라는 방송으로 인해 대피할 수 있는 기회와 시간을 빼앗겼기 때문이다. 학교로 부과된 생존수영으로 인해 담당 교사는 수영장을 물색하고 전세버스 계약과 시청과 교육청으로 나누어진 예산서와 결산서를 작성하게 된다. 안 그래도 부족한 수업 준비와 연구 시간을 더 빼앗기고 있다.

또한, 학생에 대한 의무교육을 규정하고 있는 법령이 많다. 학교폭력 예방, 인성교육, 진로교육, 민주시민교육 등 법정 의무교육이 넘쳐난다.

이러한 상황에서 교사들은 딜레마에 빠져 있다. 법령을 따르자니 교과 (수업) 시간 확보가 어렵고, 법령을 외면하자니 나중에 문제 소지가 될까 두려운 것이다. 결국 책임 회피를 위해 계획과 문서상으로만 존재하는 법정 의무교육을 운영하기도 한다.

5. 기초학력 보장을 위한 대안

학생이 학습에 어려움을 겪는 원인은 다양하다. 부모의 사회·경제적 배경에 따른 학습 지원의 격차, 입시 중심의 경쟁적 교육 문화 등 학교가 손댈 수 없는 원인들이 존재하는 것도 사실이다. 그렇다고 학교 밖으로 만 원인을 돌리고 기초학력 미달 학생이 늘어나는 것을 방치해서는 안 된다. 중앙정부, 국회, 각 지자체 및 학교는 합심하여 할 수 있는 노력을 다해야 한다.

궁극적으로는 교사가 학생에 집중할 수 없는 현실을 개선하여 정규교 육과정 내에서 기초학력을 보장할 수 있어야 한다. 모든 학교와 교사가 학력 부진에 대한 심각성을 인지하고 기초학력 보장에 대한 책무성을 가지고 협력해야 한다.

이를 위해 교사의 재량권이 보장되어야 한다. 교사는 수업을 통해 학 생을 지속적으로 관찰할 수 있는 훌륭한 교육 전문가이다. 이들의 교육 적 판단을 존중하여 진단평가 기준을 통과했더라도 학습지원대상학생 으로 선별할 수 있어야 하며, 관련된 맞춤형 진단과 지원이 이루어져야 한다. 적시에 기초학력을 보장하지 못하면 이후 학습 결손이 누적되어 적절한 진단과 처방을 내릴 수 없다.

또한, 1수업 2교사제를 보다 적극적으로 활용할 필요가 있다. 1수업 2교사제는 두 명의 교사가 한 수업을 함께 담당하는 것으로 전체적인 수업을 진행하는 주 교사와 수업을 보조하는 협력교사의 형태가 일반적이다. 협력교사는 개별 지원이 필요한 학생을 집중적으로 지원한다. 1수업 2교사를 경험한 교사들은 학생들의 기초학습 능력에 큰 도움이 되었다고 평가하며 부진 학생 지도를 위해 1수업 2교사제가 필요하다고 느끼고 있다.[30] 다만, 시간제 강사 형태로 운영되는 현재 운영 방안은 개선되어야 한다. 협력교사의 불안정한 신분과 낮은 자격 요건은 주 교사와의 진정한 협력을 방해하는 요소로 지적되고 있다. 동등한 근로 조건과 자격을 가진 정규 교원을 협력교사로 활용하여 담당 학급의 학습을 보장하기 위한 책무를 함께 지닐 수 있어야 한다.

25명 내외의 한 학급에서 교사 한 명이 학생 개개인에게 쏟을 수 있는 관심과 시간은 절대적으로 부족하다. 단기적으로 기초학력 미달 학생 비율이 높은 학급부터 2교사를 배치하고 중장기적으로 1학급 2교사제로 확대되어야 한다. 단, 모든 과목에 있어 1수업 2교사제를 활용할 필요는 없다. 학생들에게 협력교사의 학습 지원이 필요한 과목을 파악하여 선별적으로 활용하는 것이 더욱 효과적일 수 있다.

마지막으로 기초학력전담교사제의 전국적인 확대를 고려해 볼 필요가 있다. 기초학력전담교사제는 2020년 전라남도교육청을 시작으로 강원도교육청, 충청북도교육청 등 다양한 지역에서 확산되고 있는 정책이

---

30 한국교육개발원(2007). 1수업 2교사 모델 개발 연구. 현안보고 OR 2017-03.

다. 초등 저학년을 위주로 정규수업을 따라가기 힘든 학생을 수업 중 별도의 공간으로 분리하여 1:1 맞춤형 지도 방식으로 이루어지고 있다. 기초학력 보장은 초기 진단과 대응을 통해 가급적 빠른 시기에 이루어져야 한다. 개입 시기가 늦어질수록 학습 결손은 누적되어 더 많은 비용과 시간의 투입이 요구되기 때문이다.

기초학력전담교사제를 경험한 학생과 학부모의 97.2%가 학습에 대한 동기 유발, 담임교사와 연계한 교육 지도·학생 자료 공유 등에서 만족하고 있는 것으로 나타났다.[31] 기초학력전담교사제의 교육적 효과가 점점 드러나고 있음을 알 수 있다.

그러나 개선되어야 하는 사항도 존재한다. 지역에 따라 전담교사 활동 기간을 2년으로 제한하거나 매년 정규 교원이 아닌 계약제 교원을 선발하여 운영하기도 한다. 활동 기간의 제한은 기초학력전담교사의 전문성 축적을 방해하는 요인이며, 계약제 교원을 활용하는 방안 역시 전문성 축적의 어려움과 함께 정책의 지속성을 담보할 수 없다는 한계를 지닌다. 따라서 활동 기간 제한을 과감하게 폐지하고 정규 교원을 활용하는 기초학력전담교사제의 표준안이 마련되어야 한다. 또한 중앙정부와 각 시도, 국회가 협력하여 기초학력전담교사제의 안정적인 운영을 위한 예산 지원을 뒷받침해 주어야 한다.

---

31   류형근, "광주시교육청 기초학력전담교사제 만족도 97%… 사례집 공유", 뉴시스(2023.12.26.)

6. 위기를 기회로

학교교육의 목표는 교육을 통해 모든 학생의 전인적 성장을 지원하는 것이다. 대다수 지역에서 내걸고 있는 '단 한 명의 아이도 포기하지 않는 교육'은 학교교육을 통해 실현되어야 한다. 기초학력 보장은 이를 위한 전제 조건이자 필수 조건이라고 할 수 있다.

앞서 살펴본 것과 같이 지금은 제대로 된 기초학력 진단과 보장이 이루어지고 있다고 보기 어렵다. 진단 기준의 문제, 지속적이지 못한 정책, 계약제 교원 및 시간 강사를 활용한 학습 지원 방안으로는 급증하는 기초학력 미달 학생 비율을 막아내기에 버겁다.

지금의 우리나라는 저출산에 따른 학령인구 감소라는 경험해 보지 못한 일을 맞닥뜨리고 있다. 2024년 초등학교에 입학한 아동은 2017년생으로 당시 한 해 태어난 아동은 357,771명이다.[32] 2024년 초등학교 1학년 입학생은 사상 처음으로 40만 명 밑으로 내려왔으며, 인구 감소 여파로 신입생을 한 명도 받지 못하는 초등학교도 181곳에 달하고 있다.[33] 이제는 학령인구 감소에 대한 대비책을 마련할 때가 아니라 대응해야 하는 시점이다.

피할 수 없는 현실 속에서 학령인구 감소를 위기로만 볼 것이 아니라 학생들의 학력을 보장할 기회로 바라봐야 한다. 학급당 학생 수는 점차 줄어들 것이며, 수업에서 학생 한 명, 한 명과 보다 많은 상호작용이 가

---

32 통계청. 출생아 수.

33 지성배, "올해 신입생 한 명도 없는 초등학교 181곳 달해", 교육플러스(2024.1.15.)

능한 환경으로 변화할 것이다. 학령인구 감소 문제를 개별 학생에게 주의를 기울이고 지원을 제공할 수 있는 교육 보장과 강화의 기회로 접근해야 한다.

초등교원 양성과
임용 규모의 불일치

신창기

1. 추락하는 교육대학

1997년 IMF 이후 교사는 우리나라 학생들의 장래희망 순위에서 항상 상위권에 자리해 왔다. 이는 공무원으로서 안정적인 신분, 정년 보장, 연금에 더해 사회적 인정까지 받는 직업이라는 인식 때문이었다. 교사의 인기가 높아지면서 교육대학교(이하 '교대')의 입시 경쟁률도 상승했고, 성적이 우수한 학생들이 교대에 진학했다.

교대에 진학한 학생들은 졸업 후 교사가 되는 것이 당연하다고 믿었다. 중등교원 자격은 사범대학교(이하 '사범대'), 교직 이수, 교육대학원 등 다양한 경로를 통해 취득할 수 있지만, 초등교원 자격은 교대나 일부 초등교육과를 졸업해야만 얻을 수 있기 때문이다. 이로 인해 중등 임용시험이 수십 대 일의 높은 경쟁률을 보이는 반면, 초등 임용시험 경쟁률은 한동안 2대 1 수준에서 머물러 있었고, 교대 진학이 곧 교사가 되는 길로 인식되었다.

그러나 식지 않을 것 같았던 교대의 인기가 예전 같지 않다는 분위기가 감지되고 있다. 부산교대에 수능 4등급 학생이 입학했다.[34] 그동안 교대 입학생은 대체로 수능 1~2등급 학생이 합격했다는 점을 감안하면 급격하게 입학 성적이 하락했음을 알 수 있다. 즉, 우수한 학생들에게 교대, 나아가 교사라는 직업이 더 이상 매력적이지 않게 된 것이다.

교대의 인기 하락에는 크게 두 가지 원인이 작용했다고 본다.

첫째는 교권 붕괴이다. '스승의 그림자도 밟지 않는다'는 말은 이제는 옛말이 됐다. 6학년 학생이 교사를 폭행하는 사건, 악의적이고 지속적인 민원으로 인해 저연차 교사가 생을 마감한 S초 사건, 수업 중 학생이 다친 것에 대해 과도한 책임을 지우며 교사를 죽음으로 내몬 H초 사건 등은 무너진 교육 현장의 모습을 여실히 드러내고 있다.

둘째는 갈수록 높아지는 초등교원 임용시험 경쟁률의 상승이다. 초등교원 임용 경쟁률은 2021년 1.97, 2022년 2.06, 2023년 2.1로 꾸준하게 상승하고 있다.[35] 경쟁률이 2를 넘는다는 것은 절반이 넘는 응시자가 떨어진다는 것을 의미한다. 이러한 수치가 높지 않다고 생각할 수 있으나 우수한 학생들 간의 경쟁임을 감안해야 한다. 특히 교대생은 대부분 다른 선택지가 없는 상황에서 임용시험에 전적으로 의존하게 되므로 이들에겐 더욱 치열한 경쟁이 될 수밖에 없다. 이제 교대 진학이 곧 교사 임용을 보장하지 않는 현실이 된 것이다.

---

34 김준용, "초등교사 인기 시들하다더니… 4등급도 부산교대 합격", 부산일보(2023.3.30.)

35 한국교육개발원 교육통계서비스. 초등교원 임용시험 현황. 경쟁률은 응시자/합격자로 계산함.

초등교원 임용시험 경쟁률 상승의 가장 큰 원인은 학령인구 감소로 인한 임용 규모의 축소이다. 초·중·고에 해당하는 학령인구는 2022년 539만 명에서 2040년 293만 명으로 54.4%가량 감소할 전망이다.[36] 구체적으로 초등학교 270만 → 156만(57.9%), 중학교 137만 → 68만(49.6%), 고등학교 132만 → 69만(51.9%)의 감소 폭을 보인다. 특히, 초등학교 학령인구 감소 폭이 가장 큰 것을 알 수 있다. 이로 인해 초등교원 임용 규모 조정은 불가피해졌다. 실제로 교육부는 중장기 교원 수급계획을 발표하며 초등교원 선발 임용을 2024~2025년 10.1~18.6% 감소, 2026~2027년 18.6~27% 감소라는 목표를 제시한 바 있다. 앞으로 초등교원 임용시험 경쟁률은 더욱 상승할 것이 불 보듯 뻔한 상황이다.

따라서 본 장에서는 학령인구 감소의 직접적인 영향을 받는 초등교원 양성에 관해 다루고 초등교원 양성과 임용의 현실에 대한 적극적인 대응이 필요함을 강조하고자 한다.

2. 학령인구 감소와 초등교원 양성 규모의 관계

교사는 학생을 가르치기 위해 존재한다. 학생이 없다면 교사의 존재 이유도 사라진다. 학생 수가 지속적으로 감소하고 있는 상황에서 교원 양성 규모의 축소는 불가피한 것이 현실이다. 학령인구 감소에 따라 교육계는 교원 양성 및 임용 규모를 적정화해야 하는 과제에 직면했다. 그

---

36 통계청(2023.12.14.), 장래인구추계: 2022~2072년.

동안 교원 단체는 '학급당 학생 수 20명 상한제'를 주장해 왔다. 학급당 학생 수가 과도하면 한정된 수업 시간 내에 학생 개개인을 살피기 위한 절대적인 시간이 부족하기 때문이다. 특히, 코로나19 시기 교실 내 거리 두기가 불가능한 상황에 이르러 이러한 요구는 더욱 강해졌다.

그러나 최근 10년 사이 초등학교 학급당 학생 수는 지속적으로 감소하는 추세이다.[37] 한국교육개발원 교육통계서비스에 따르면 2023년 기준 학급당 학생 수는 20.7명으로, 곧 20명 이하로 내려갈 가능성이 크다.

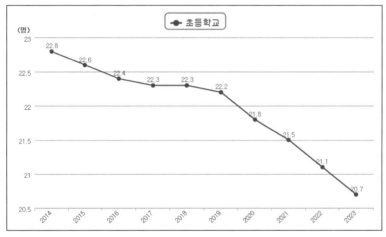

10년간 초등학교 학급당 학생 수 변화

주의해야 할 것은 전국 모든 초등학교의 학급당 학생 수가 20.7명은 아니라는 것이다. 학급당 28명 이상을 '과밀학급'이라고 하는데, 여전히 과밀학급으로 어려움을 겪는 학교가 많다. 특히, 과밀학급 문제가 가장 심각한 지역인 경기도의 경우 2023년도 기준 초·중·고 전체 57,125

---

37 한국교육개발원 교육통계서비스. 학급당 학생 수.

학급 중 16,153학급(28.3%)이 과밀학급에 해당한다. 더군다나 신도시 개발로 인한 과밀학급 문제는 더욱 악화할 것으로 예상된다.[38]

학령인구 감소로 일부 지역과 학교에서는 학급당 학생 수가 급격히 줄어드는 반면, 도시 개발로 인구가 유입되는 지역에서는 과밀학급으로 인해 교육의 질이 저하되는 문제가 동시에 발생하고 있다. 따라서 지역별 여건과 특성을 고려한 세심한 교원 수급 계획이 필요하다.

그러나 이를 감안하더라도 초등교원 양성 규모는 조정될 필요가 있다. 이하에서 자세히 다루겠지만, 우리나라 교대와 초등교육과의 정원은 지난 10여 년간 변동 없이 유지되고 있다. 반면, 초등교원 임용 규모는 매년 감소할 것으로 예고되어 있다. 초등교원 양성과 선발의 규모가 엇박자를 내고 있는 것이다. 만약 초등교원 양성 규모가 조정되지 않는다면 향후 몇 년 내에 과원교사 문제가 발생할 것이다.

3. 교육대학이 처한 현실

2024년 현재, 우리나라의 교원 양성 체계는 초등과 중등으로 명확히 구분되어 있다. 중등교원 자격은 사범대, 교직 이수, 교육대학원 등을 통해 취득할 수 있다. 반면, 초등교원은 서울교대, 경인교대 등 10개의 교대와 초등교육과를 운영하는 한국교원대, 이화여대, 제주대를 포함한 총 13개 대학에서 양성하고 있다.

---

38 조성범, "경기도 과밀학급 해소, 국회의원들 나섰다", 교육언론 창(2023.11.17.)

초등교원은 한정된 대학에서만 양성이 가능하기 때문에 자격 관리가 엄격하게 이루어지는데, 이는 교사의 질을 높게 유지하기 위함이다. 우리나라의 초등교육은 이처럼 높은 수준의 교사 선발을 통해 유지되고 발전해 왔다. 이른바 '선발 효과'로, 우수한 성적의 학생들이 교대에 입학해 교직으로 나아가 현장에서 성실하게 교사의 역할을 해온 것이다.

그러나 더 이상 이러한 선발 효과에만 의존하기는 어려울 전망이다. 최근 3개년 수도권 및 지방의 일부 교대 입학 경쟁률을 보면, 2022학년도 평균 2.04였던 경쟁률은 2023학년도에 1.97인 2점대 아래로 하락했으며, 가장 최근인 2024학년도에는 1.61로 급격히 떨어졌다.[39]

최근 3개년 수도권 및 지방 교대의 입학 경쟁률

경쟁률	2022학년도	2023학년도	2024학년도
서울교대	2.27	2.1	1.77
경인교대	1.8	1.8	1.34
부산교대	2.04	2.02	1.72
평균	2.04	1.97	1.61

이뿐만 아니라 교대 입학생의 성적도 하락하고 있다. 최종등록자 중 상위 70%에 해당하는 점수(100명 중 70등의 점수)의 최근 3개년 추이를 살펴보면 2022학년도 평균 91.39점이었던 백분위 점수가 2023학년도에는 90점 아래로 떨어졌으며, 가장 최근인 2024학년도는 84.31점으로 하

---

39 대입정보포털 어디가. 일반전형 기준.

락하며 경쟁률과 마찬가지로 지속적인 하락세를 보이고 있다.[40]

최근 3개년 최종등록자 백분위

최종등록자 70% 백분위	2022학년도	2023학년도	2024학년도
서울교대	90	89.67	90.67
경인교대	92.67	88.75	83.25
부산교대	91.5	89.17	79
평균	91.39	89.20	84.31

　교대의 경쟁률과 입학 성적이 낮아진다는 것은 그만큼 교대가 매력적이지 못하여 우수한 학생의 유입이 줄어들고 있다는 것을 의미한다. 물론, 학업 성적이 우수한 학생이 좋은 교사가 된다는 보장은 없다. 그러나 그동안 초등교육의 질을 유지해 온 중요한 한 축은 우수한 학생들로 인한 '선발 효과'라는 것은 부정할 수는 없다.

　한편 교대 통합 논의도 점차 활발해질 것으로 보인다. 그동안 전국 각지에서 교대 통합에 대한 소문은 무성했으나 실제로 통합이 이루어진 곳은 2008년 제주교대와 제주대 한 곳뿐이었다. 현재는 부산교대와 부산대 간 통폐합 논의가 진행 중이며, 두 대학의 통합 논의는 이번이 세 번째로 2026년 완전 통합을 목표로 하고 있다. 특히, 부산교대-부산대는 통합 모델로 교육부 '글로컬대학 30'에 공모하여 최종 선정되었음을 볼 때 이번에는 실제 통합될 가능성이 높아 보인다. 이러한 흐름 속에서 앞으로 전국 교대의 통합 논의는 활발해질 것으로 예견된다.

40　대입정보포털 어디가. 최종등록자 70% 평균 백분위.

종합적으로 볼 때 교대의 전망은 그다지 밝지 않아 보인다. 앞서 살펴본 바와 같이 입학 경쟁률 하락, 입학 성적 하락 등으로 교대의 대학 경쟁력은 계속 약화되고 있다. 각 교대는 이러한 현실을 직시하여 적극적인 대책을 마련해야 할 시점이다.

4. 요지부동의 교육대학 정원과 교육부의 중장기 교원 수급 대책

교육부는 지난 2023년 4월 23일 미래 교육 수요를 반영한 중장기 (2024~2027년) 교원 수급 계획을 발표한 바 있다. 관련 내용을 살펴보면 학령인구 감소 추세와 디지털 인재 양성, 농산어촌 소규모 학교 지원, 신도시 과밀학급 해소, 기초학력 보장 등 새로운 교육 수요를 반영하여 공립 교원 신규 채용 규모를 2024~2025년 2,900~3,200명 내외, 2026~2027년 2,600~2,900명 내외로 연차적으로 조정할 계획이다. 이를 통해 초등의 경우 교사 1인당 학생 수, 학급당 학생 수가 OECD 평균을 크게 상회하여 교육 여건이 개선될 것으로 기대하고 있다.

이렇듯 교원 임용 규모 축소가 예견되어 있음에도 불구하고 정작 교대의 입학 정원은 요지부동이다. 2006년 6,224명 수준이던 교대 입학 정원은 2012년 3,848명으로 감소했다. 그러나 2013년부터 2024년 현재까지 12년간 입학 정원 조정 없이 그 규모를 유지하고 있다.[41]

41　교육부(2023). 미래 교육 수요를 반영한 중장기(2024~2027년) 교원 수급계획 발표.

2012~2023학년도 교대 입학 정원

연도	공립 초등교원 채용 규모	교대 입학 정원
2012학년도	6,507	3,848
2013학년도	7,365	
2014학년도	7,386	
2015학년도	7,062	
2016학년도	6,591	3,847
2017학년도	6,022	
2018학년도	4,089	
2019학년도	4,032	
2020학년도	3,916	
2021학년도	3,864	
2022학년도	3,758	
2023학년도	3,561	

공립 초등교원 채용 규모는 2014학년도 7,386명을 정점으로 이후 급격하게 주는 추세이다. 그러나 교대 입학 정원은 신규 교원 채용 규모와 상관없이 일정하게 유지되고 있다. 교육부와 교대의 무관심과 방치로 인해 채용 규모 이상의 교원인 과원교사가 양성되고 있는 것이다. 2024학년도 이후부터 채용 규모는 더욱 감소할 것으로 예고되어 있어 과원교사 문제는 갈수록 심각해질 것으로 보인다.

이러한 와중에 2024학년도에도 교대 입학 정원은 동결됐다.[42] 교육부의 중장기 교원 수급 계획이 입학 정원을 결정하는 4월 말이 다 돼서야 발표되어 교육부와 교대 간뿐만 아니라 교대 내부에서도 논의할 시간이

---

[42] 박고은, "교육부, 내년 교대 정원은 동결… 논의 부족해 학교 안 받아들여", 한겨레(2023.5.12.)

부족했다는 것이 교대 측의 입장이다. 교대는 입학 정원 동결의 탓을 교육부로 돌리는 모양새다. 교육부 또한 수험생의 혼란이 예상되고, 각 교대가 입학 정원을 줄이지 않겠다고 통보했기에 어쩔 수 없었다는 입장이다.

교대 정원 감축 시기가 늦어질수록 임용 적체 현상은 더욱 심각해질 것이다. 지난해 초등교원 임용시험에 7,338명이 지원했고 3,565명이 합격했다. 합격률은 48.6%로 2013년 43.5% 이후 9년 만에 최저치를 기록하고 있다.[43] 임용시험에 합격하고도 발령을 받지 못한 임용 대기자도 그 수가 상당하다. 2023년 3월 기준, 전국 17개 시도 임용 대기자는 2,081명으로 이는 전년 대비 168명(8.7%) 늘어난 수치다.[44]

결국, 교육부와 교대의 무책임한 태도로 피해를 보고 있는 것은 예비 교사들이다. 이는 예비 교사들의 4년이라는 개인적 시간과 노력의 손실일 뿐만 아니라 국가적인 낭비라고 할 수 있다. 우수한 인적자원이 활용되지 못하는 상황이기 때문이다. 교육부와 교대는 이런저런 핑계와 변명으로 이를 방치할 것이 아니라 적극적으로 협력하여 교사의 채용 규모와 교대의 입학 정원이 연동될 수 있는 대책을 마련해야 한다.

---

43 한국교육개발원 교육통계서비스. 초등교원 임용시험 현황.

44 이태규 의원실(2023.4.23.). 공립 초등교사 임용 대기자 현황.

5. 초등교원 양성과 임용 규모 불일치 해소 방안

지난 2017년, 인터넷을 뜨겁게 달구었던 '엄나백' 사건을 떠올려 보자. 당시 2018학년도 서울 초등 임용시험 선발 예정 인원이 전년 대비 690명 감축된 105명으로 발표되자 서울교대 학생들은 서울시교육청 앞에서 선발 인원 감축에 반대하는 시위를 진행한 바 있다.[45] 집회에 참여했던 서울교대생 중 한 명이 든 피켓에는 '엄마 미안 나 백수야' 라는 내용이 적혀 있었다. 이와 관련된 기사가 급속히 퍼져 나갔고, 서울교대 비상대책위원회가 사과문을 올리며 일단락되었다. 지금도 마찬가지지만 당시 젊은 청년들의 취업난은 바늘구멍 찾기였다. 대학 졸업자들은 취직할 직장을 구하기 어려웠던 사회적 분위기였기에 교대생은 반드시 교사가 되어야 한다는 주장은 비난을 면치 못했던 것이다.

당시 교대생들의 주장은 '적어도 졸업생만큼의 선발 인원은 보장되어야 한다' 는 것이었다. 이러한 주장은 정말 터무니없는 것일까? 교대는 초등교원 양성을 목적으로 하는 대학이다. 이들은 교사가 되기 위해 4년간 교육학을 배우고, 초등학교 전 과목(국, 수, 사, 과, 영 등)을 체계적으로 배운다. 그뿐만 아니라 아동의 발달단계, 상담기법, 교직실무 등 오로지 교사가 되기 위한 내용만을 전문적으로 학습한다.

예비 교사인 교대 재학생은 교사 외에 다른 진로를 찾기가 쉽지 않다. 실제로 일부 사기업 중에는 이력서 내 학력을 기재하는 곳에 교대 졸업생은 4년제 대학 졸업으로 기재할 수 없는 것이 현실이다. 물론 교대 졸

---

45 김도균, "'엄마 미안 나 백수야' 시위 문구에 쏟아진 비난…결국 사과", SBS뉴스(2017.8.10.)

업 이후 초등교원이 되지 않고 곧바로 대학원으로 진학하거나 유학을 가는 등 학업을 지속하는 경우도 있다. 교육 관련 사기업에 취직하는 경우도 종종 있다. 그러나 이들은 예외적인 경우이며, 대다수 교대생은 교사가 되기만을 꿈꾸고 있다. 이제라도 초등교원 양성과 임용 규모의 불일치를 해소하기 위한 적극적인 노력과 대책이 필요한 이유이다.

이러한 불일치를 해소하기 위해 체계적인 교원 수급 정책이 요구된다. 앞서 말한 것처럼 현재 우리나라가 처한 학령인구 문제는 지역에 따라 다른 양상을 보인다. 인구 감소로 지역 소멸, 학교 통폐합이 가속화되는 지역도 있는 반면, 인구 유입에 따른 과밀학급 문제가 심화되는 지역도 있다. 단순히 학령인구 감소에 따라 전체 교원 임용 규모를 줄이기보다는 지역 양극화 상황을 반영한 세심한 교원 수급 계획이 마련되어야 한다. 소규모 학교를 위한 최소 교사 정원 확보를 위한 노력과 신도시 과밀학급 해소를 위한 정확한 교원 규모 산정이 함께 이루어져야 한다.

또한 교육부는 교대 입학 정원 관리에 보다 적극적인 자세를 보여야 한다. 교육부와 교대총장협의회는 교대 입학 정원에 대해 2024학년도는 자율 감축하고, 2025학년도부터 본격적으로 감축 관련 논의를 진행하기로 했다. 그러나 2024학년도 모든 교대 및 초등교육과는 정원을 줄이지 않겠다고 통보했으며 교육부는 이를 받아들였다. 상당수 교대는 등록금 수입 의존도가 높아 입학 정원이 줄어들면 재정난을 겪게 되어 입학 정원 감축에 소극적일 수밖에 없다. 교육부는 이를 고려하여 입학 정원 감축에 적극적인 교대에 행·재정적 인센티브를 지원하는 방안을 모색하는 등 대책 마련에 나서야 한다.

교원 임용 규모와 양성 규모는 연동되어야 한다. 2인 3각 경기를 할 때처럼 한 몸이 되어 움직여야 한다. 4년짜리 단기 수급 계획이 아니라 장기적이고 종합적인 교원 수급 계획을 통해 교원 양성 규모를 조절해 나가야 한다.

　단기적인 대응으로는 수습교사제를 적극 활용할 필요가 있다. 수습교사제란 교사자격증 취득 이후 일정 기간(1~2년) 수습교사로서 학교에 근무한 이후 정규 교원으로 임용되는 제도이다. 현재 일반직 공무원의 시보와 비슷한 개념이라고 할 수 있다. 이러한 수습교사제는 다소간 차이가 있으나 영국, 독일, 프랑스, 미국과 같은 서양 국가뿐만 아니라 일본, 중국 등 아시아 국가에서도 활용되고 있다. 각 학교는 날이 갈수록 교원 수급에 어려움을 겪고 있다. 특히 시골 소재 소규모 학교는 몇 차례의 기간제 교사 구인 공고에도 지원자가 없는 인력난을 겪고 있다. 반면 교대 졸업생 중 높아져 가는 임용 경쟁률로 인해 재수, 삼수를 하는 예비 교원이 늘어가고 있다. 임용시험에 합격하고도 발령을 받지 못하고 하염없이 대기 중인 예비 교원들의 고통 또한 외면해서는 안 된다. 수습교사제를 적극 활용하여 임용 규모보다 많아진 예비 교원을 충분히 수용하고, 각 학교가 처한 교원 수급 문제에 대처해야 한다.

　교사는 학교 현장에서 교육을 실현하는 실천가이자 전문가이다. 특히 초등교사는 주로 담임교사로서 학생들과 함께 생활하며 학생의 학습뿐만 아니라 상담과 정서적 지원 등을 통한 전인적 성장을 끌어내는 중요한 역할을 담당한다. 그동안 공교육이 유지되고 발전할 수 있었던 것은 헌신적인 교사들의 보이지 않는 노력이 있었기 때문이다.

학령인구 감소는 코로나19와 같이 갑작스럽게 찾아온 재앙이 아니다. 2005년 6월 「저출산·고령사회기본법」이 제정되었고, 같은 해 9월 대통령 직속 '저출산고령사회위원회'가 발족했다. 즉, 저출산 문제에 대한 위기의식은 이미 20여 년 전부터 제기되어 왔으며, 그동안 이를 대비할 시간이 부족했다고는 할 수 없다.

학령인구는 교원 정원과 직접적으로 연관된 중요한 요인으로 이제라도 대응에 나서야 한다. 그 첫걸음은 교원 양성 정원 조정이다. 지금이야말로 골든타임이다. 이 시기를 놓치면 교원 양성 문제는 과원교사 문제로 이어져 더 심각한 상황으로 확대될 것이다. "소 잃고 외양간 고치기"가 아닌, 예견된 문제에 대한 선제적 대응이 필요한 시점이다.

과원교사 위기를
교육 실현이라는 기회로 바꾸는 제언

학교자치

1. 피할 수 없는 미래, 과원교사 문제의 심각성

국회예산정책처는 출산율 하락에 따른 인구 감소로 인해 6~17세 학
령인구가 2022년 538만 900명에서 2040년에는 절반 수준인 268만 명
으로 급감하게 된다고 밝혔다. 해당 전망대로라면 현재의 초등학교 학
급 수가 유지된다고 가정했을 때 2040년 초등학교 학급당 학생 수는
2022년 21.1명 대비 52.6% 줄어든 10명이 된다.[46] 학급당 학생 수를 줄
여 질 높은 교육을 하자는 것은 학교 안의 교육공동체 모두가 바라고 있
는 점이니 긍정적으로 볼 수도 있다. 하지만 국회예산정책처는 "교육부
는 학급당 학생 수 및 교사 1인당 학생 수 감소로 인해 교육 여건이 크게
개선될 것으로 전망하지만 교육의 효과성, 재원 배분의 효율성 측면에
서 학급 수 및 학급당 학생 수에 대한 중장기적인 계획을 마련할 필요가

---

46 박상구, "2040년이면 초중고교생 반토막…초교 학급당 10명 될 것", 매일신문(2023.11.9.)

있다."고 지적했다.

이 지적을 곱씹어 볼 필요가 있다. 우선 예산과 관련된 정책을 다루는 입장에서는 학급당 학생 수가 적어진다고 해서 교육이 더 효과적으로 이뤄지는지와 그것이 그러한 재원을 투입할 만큼의 가성비가 나오는지에 대해 의문이 있다는 것이다. 재원에서도 핵심이 되는 것은 인건비이다. 2023년 기준 전체 교육 예산 97조 4,193억 원이다. 인건비, 물건비 등 8개 성질별 예산 규모 중 인건비가 52조 1,419억 원으로 전체의 53.5%를 차지하고 있다. 다른 7개 성질의 예산을 합친 것보다 많다.[47] 물론 교육의 본질이 교사가 학생들을 대면하고 가르치는 일이기에 업무 특성상 인건비 비중이 높을 수밖에 없지만, 전체 예산의 절반 이상이 인건비로만 지출된다면 인건비 비중을 더 이상 높이는 것에 대해 국민 정서나 예산정책부서의 지적을 피하기는 어렵다.

다음 표에서 보여지듯이 공무원 정원을 봐도 이미 교원은 공무원 정원에서 최대 다수를 차지하고 있는 상황이다.[48] 교원만으로도 전체 행정부 공무원의 31.8%를 차지하는데 각 시도 교육청과 시군 교육지원청에 근무하는 교육자치 일반 역시 6.5%를 차지하고 있으니 전체 행정부 공무원 중 차지하는 비중이 상당하다. 쉽게 생각해 봐도 동에 하나 있는 동사무소의 직원 수, 시에 하나 있는 시청의 직원 수와 동과 시에 무수히 많은 단설 및 병설유치원, 초·중·고 교직원 수를 비교해 봐도 교원이 공무원 중 상당히 많다는 것을 직감할 수 있다. 교육통계시스템에서는 이

---

47   교육부 지방교육재정알리미 2023년 통계 '지방교육재정의 쓰임새는?'

48   정부조직관리정보시스템 통계자료(2023.6.30. 기준), 행정부 외(헌법기관) 공무원 25,588명 별도

보다 더 많은 수를 교원으로 집계하고 있다. 정규 교원 432,216명과 기간제 교원 76,634명으로 총 508,850명으로 산출하고 있다.[49]

공무원 정원

구분	교원	지방자치일반	국가일반	경찰직	교육자치일반	소방직
총원	364,054	315,273	181,978	143,209	74,744	66,786
비중	31.8%	27.5%	15.9%	12.5%	6.5%	5.8%

출처 : 정부조직관리정보시스템 통계자료(2023.6.30. 기준)

교육은 기본적으로 교사가 학생을 마주하고 가르치는 일이고, 다분히 노동집약적인 일이기에 많은 인원이 필요할 수밖에 없다. 하지만 저출산이 국가 재정에도 악영향을 미칠 것을 감안하면 학급당 학생 수 10명을 사회가 우호적인 시선으로 바라보고, 예산 담당 정부 부처에서 이를 용인할 가능성은 희박하다. 이미 정부에서는 학생 수가 줄어드는 것을 이유로 초중등교육 예산을 고등교육(대학교육)으로 편성하고 있다. 인구 고령화로 역피라미드형 구조가 되면 보건과 복지 분야의 지출이 더욱 늘어나야 한다. 2023년 현재 국가 전체 예산 638조 원 중 1위가 보건, 복지, 고용 분야로 226조 원인 35.4%를 차지하고 있다.[50] 교부금을 제외한 교육 관련 예산이 96.3조 원으로 2위인 일반·지방행정(112조 원)에 이어 근소한 차이로 3위에 있다. 이른바 예산 많이 쓰는 3개 분야 중 하나인데, 노인인구가 늘어나고 학령인구가 감소하게 되면 예산 조정에 대

---

49 KESS 교육통계서비스 2023 유초중등통계
50 대한민국 국방부 정부재정과 국방예산(일반회계 기준)

한 여론이 발생할 확률이 높다.

2. 과원교사 문제에 대한 대처 상황

우선 교사는 수업을 하는 사람이고, 공교육이 외연 확장을 하지 않고 현재의 역할에 머물러 있다는 것을 전제로 한다면 과원교사 문제는 피할 수 없다. 교원과 교육행정직 등 지금의 교육조직 규모를 유지한다면 파킨슨 법칙의 대표적 사례로 언급될 가능성도 있다.

교원 정원 관리는 교사 양성 과정에 관계된 대학 측의 인원 등 다양한 사람들의 이권, 직업 안정성과 연계되는 부분이라 일방적이고 급격한 추진은 관계된 사람들의 퇴로를 막게 된다. 결국 강한 반발에 부딪혀서 좌초될 가능성이 높다. 피해가 예상되는 사람들에게 퇴로를 열어 주는 세심한 정책 수립이 필요하다. 이를 위해 시간을 많이 확보하고 선제적으로 대응해야 하며, 불이익을 받는 집단에 대한 적절한 퇴로를 확보해 주는 것이 필요하다.

(1) 일본과 중국의 대처 상황

한국보다 먼저 저출산으로 인한 인구 감소를 겪고 있는 나라는 일본이 사실상 유일하지만, 우리와 사정은 많이 다르다. 2024년 한국의 초등학교 학급당 학생 수는 전북의 경우 1~2학년은 20명을 적용하고 있고, 학생 수가 가장 많은 경기도의 경우에도 26명을 적용하고 있다. 일본은 2021년 참의원을 통과한 「의무교육 표준법」 개정안에 따라 2025년까지 모든 초등학교의 학생 수를 35명 이하로 실현해 나가고 있다. 이는 기존 초등 2~6학년의 기준이었던 40명 이하의 기준을 35명 이하로 낮춘 것으로, 이를 위해 교사 부족 사태를 겪는 중이다. 요약하자면 일본은 이미 기존에 학급당 학생 수가 많았기에 학생 수 감소에도 오히려 교사 부족 사태를 겪고 있는 것이다. 더군다나 교직 희망자가 적어 임용 경쟁률은 역대 최저치를 기록하는 등 질 높은 교원 확보에 난관을 겪고 있다.[51]

한국에 이어 저출산으로 인해 인구가 줄어들 운명인 중국은 어떨까? 중국은 이미 교육컨설팅 기관인 마이커쓰 연구원의 '고등교육 추세 보고(2023)'를 통해 학생 감소에 대비해 교육학과 정원 통제 등 대학 구조 조정의 필요성을 강조했고, 이에 발맞춰 중국 교육 당국도 교원 수급 조절에 선제적으로 나섰다. 2023년 중국 내 112개 대학이 신청한 교육학과 신설 계획을 불허했다. 또한 2025년까지 '고등교육 분야 전공 조정 및 최적화를 위한 개혁 방안'을 통해 현재의 대학 학과 가운데 20%를 새로운 비즈니스 모델에 맞게 조정해 나갔다. 중국 내 지방성들도 적극적이다. 쓰촨성은 2023년 7월 인공지능 등 첨단산업 전공학과 신설을 장려하되 교육학과 신설을 통제하겠다고 밝혔으며, 산둥성은 교육학과 신설 불허와 기존 교육학과 구조조정에 나섰다.[52]

이런 배경에는 역시나 저출산이 자리 잡고 있다. 중국의 신생아 수는 2016년 1,883만 명으로 정점을 찍은 이후 2022년에는 절반을 조금 넘는 956만 명으로 크게 줄었다. 절대적인 숫자는 인구 대국이라 차이는 있지

---

51 한은주, "문부과학성, 교원 부족 상황 첫 조사···2000명 이상 부족", 교육플러스(2021.1.31.)

52 박종국, "中, 학생 감소로 2035년 초·중교사 187만명 공급 과잉", 연합뉴스(2024.1.5.)

만 감소율만 따지면 한국의 신생아 수 감소와 크게 다를 바 없다. 이 같은 상황에서 적극적으로 교사 양성 과정부터 과감하게 손대는 중국 당국의 대처는 매우 인상 깊다.

(2) 한국의 대처 상황

한국의 상황을 살펴보자. 교·사범대 통폐합 이야기는 여전히 지지부진하며 초등교원 임용은 해마다 줄고 있지만, 교대 입학 정원은 그 숫자를 유지하고 있다. 장기적인 계획으로 인한 교원 정원 관리보다는 교원 임용 숫자 발표 이후 예비 교사들의 집단 반발에 정원을 찔끔 늘리는 방식이 반복적으로 이뤄지고 있다. 특수목적대학의 성격을 띠고 있어 사실상 다른 길로의 취업이 어려운 교대의 특성상 임용의 안전성이 대학 정원 모집 등 위상과 직결되므로 교대 수시모집은 수년째 미충원되고 있다.

2023년 교사 정원 감축에 이어, 2024년 교사 정원을 2,500명 감축하기 위해 정부와 여당이 교원 정원을 단계적으로 줄여 나가겠다고 발표하자 예비 교사와 교원 단체 등이 교원을 줄이는 것은 미래 교육을 포기하는 일이며 교육의 질 저하, 정부가 추진하는 고교학점제, 기초학력 보장에 반하는 일이라며 일제히 반발했다.[53] 하지만 향후 학생 수가 절반으로 줄어드는 것을 감안하면 이 정도의 정원 조정 속도 역시 지지부진하다고 할 수 있다. 2024년에 들어서는 교육부도 조금 더 적극적인 입장을 취하고 있다. 2025년 교사 정원을 4,300명 감축하겠다고 발표해 정원

---

53 박성민, "당정 '초중고 교사 감축' 첫 공식화", 동아일보 (2023.4.18.)

감축의 속도를 높였으며, 교대 정원 감축을 정부와 전국 교대가 검토한다는 소식이 발표됐다.[54] 교대 입학 정원 감축 규모는 20% 정도 선에서 감축하는 방안이 논의되었지만 대전과 광주가 2023-24년 2년간 10명, 6명으로 초등교원을 선발하는 등 임용절벽이 심각한 상황임을 감안하면 이 정도 감축 규모도 부족하지만, 일부 교대 구성원이 벌써 반발에 나서고 있는 점, 지난 10년간 교대 입학생 규모가 유지된 점을 감안한다면 감축이 쉽지 않음을 알 수 있다. 정리하자면 한국은 교사 양성 과정은 구조적으로 개선하지 못한 채 교사 정원 대비 실시하고 있지만 속도가 더디며, 교육 주체 간 공감대를 나누고 활로를 모색하는 노력은 부족하다.

결국 공교육의 외연 확장이나 교사의 역할 다양화가 이뤄지지 않는다면 과원교사 문제는 계속해서 대두될 것이고, 한국의 대응 속도는 민첩하지 못해 이에 대한 고민이 시급한 상황이다. 지금까지 학생 수 감소로 인한 과원교사 문제가 교원 사이에서 이야기가 없었던 것은 아니다. 보통은 교대나 사범대 구조조정이나 통합을 통해 신규 임용을 조절하는 선의 이야기만 했지만, 지금은 그 정도의 조정으로는 불가능한 지경이 되었다. 신규 임용을 아예 안 할 수도 없는 노릇이고, 현행 62세 퇴직, 65세 연금 수령 체제가 결국에는 정년 연장으로 갈 것이라고 예측하는 시선도 많다. 정년 연장은 더 많은 과원교사를 양산하게 될 것이다.

---

54 뉴시스, "교육부, '13년째 동결' 교대 입학정원 감축 논의… '15~20%'", 동아일보(2024.2.14.)

3. 교원의 교사 정원 감축 반대 이유

학생 수가 이토록 파괴적으로 줄어드는데 왜 교원들은 36만의 교원 중 2,500명을 줄이는 안에도 반대했을까? 일반적인 사기업이라면 회사의 매출 혹은 시장이 절반으로 줄어드는 상황에서 36만의 기존 직원들이 퇴직자 대비 신입사원을 덜 뽑는 방식으로 2,500명을 감축하겠다는 발표에 반대했을까? 아마도 많은 사원이 차후 예상되는 인위적인 구조조정을 선제적으로 대응해 자신들의 고용을 안정적으로 유지해 주려는 회사의 노력에 공감했을 것이다. 물론 공공부문을 기업의 운영 논리와 단순 비교하는 것은 공공부문의 목적 등을 생각했을 때 지양해야 한다. 하지만 현재 양상을 분석하고 시사점을 도출하기 위한 비교로서는 의미가 있다. 교원들이 교사 정원 감축을 반대하는 이유를 보면 다음과 같다.

(1) 학급당 학생 수가 많다

교원 단체와 교사들이 교원을 줄이는 것에 반대하는 근본적 이유를 먼저 살펴보자. 우선 현재 과도한 학생 수로 인해 교육의 질을 담보할 수 없기에 이에 대한 개선을 이유로 삼고 있다. 앞서 일본의 초등학교 학급당 학생 수 편성기준[55] 35명은 OECD 국가 중 상당히 높은 경우이니 열외로 치고서라고도 다른 OECD 국가와 비교해도 우리나라의 학급당 학생 수가 많은 편일까?[56] 2019년도 자료이긴 하지만 OECD 9개 국가의

---

[55] 편성기준과 실제 학급당 학생 수는 다른 개념

[56] 교원 단체와 교사들은 교사 1인당 학생 수 통계에 부정적이다. 비교과교사가 교사에 포함된다는 이유에서다. 따라서 학급당 학생 수를 비교함.

학급당 학생 수를 초등학교와 중학교로 비교한 결과는 다음과 같다.[57]

OECD 9개 국가의 학급당 학생 수 비교

구분	초등학교 과정			중학교 과정		
	전체	국공립	사립	전체	국공립	사립
일본	27.2	27.2	27.7	32.0	31.9	32.7
영국	26.0	27.2	23.8	23.2	24.6	22.6
호주	23.4	23.3	24.1	22.3	21.6	24.0
한국	23.0	23.0	26.9	26.1	26.3	25.1
프랑스	22.7	22.3	25.1	25.4	25.1	26.5
OECD 평균	21.1	21.1	19.7	23.3	23.2	21.4
독일	21.0	20.9	21.3	23.9	23.9	23.5
미국	20.3	20.9	16.0	24.9	26.0	17.6
핀란드	19.5	19.6	18.4	19.1	19.1	19.1
이탈리아	18.9	18.9	18.9	20.8	20.8	21.1

출처 : Education at a Glance 2021(OECD)

초등학교 전체 기준 오름차순으로 정리한 해당 표에서 한국은 평균보다는 높긴 하지만 수치가 크게 높은 편은 아니다. 또한 저출산으로 인해 자연적으로 학급당 학생 수가 줄어들고 있으며(2023년 초등 21.9명, 중등 24.8명)[58] 1인당 국민소득이 높은 일본, 영국, 호주 등도 한국보다 학급당 학생 수가 많은 것을 확인할 수 있다. 따라서 우리나라의 학급당 학생 수가 많아 교육의 질을 심각하게 저해하고 있다고 판단할 객관적인 통계로

---

57 중학교 과정은 중학교, 각종학교, 고등공민학교를 포함하며 초등학교·중학교 모두 특수학급은 제외한 수치.

58 KESS 교육통계서비스 2023 유·초·중등 통계

보기엔 부족하다. 오히려 서두에 말한 바와 같이 2040년에 예상되는 우리나라 초등학교 학급당 학생 수 10명이 지나치게 낮으니 교원 수를 조절해야 한다는 주장에 힘을 실어 줄 수 있는 통계 자료이다.

교육부의 교원 감축에 반대하는 한국교원단체총연합회의 주장도 첫째는 교사 1인당 학생 수가 아니라 학급당 학생 수 기준으로 교원 수급 계획을 짤 것을 요구하고, 둘째는 학급당 학생 수 상한을 20명 이하로 설정하여 이를 바탕으로 교원을 충원해야 한다는 것이다.[59] 교원 감원에 대한 구체적인 실행이 없을 경우 국회예산정책처 추계에 따르면 2040년에는 초등학교 기준 학급당 학생 수 10명 이하가 되며, 2023년 교육부가 발표한 중장기(2024~2027년) 교원 수급계획에 따르면 2032년에 이미 학급당 학생 수는 10.9명으로 진입하게 된다. 이는 한국교원단체총연합회의 주장을 모두 수용하고도 남는 수치로 그때는 교원 단체의 주장이 오히려 교원 감원의 논거로 부메랑이 되어 돌아올 위험도 있다.

(2) 비교과교사는 오히려 증원했다

교사와 교원 단체가 교육부의 교원 감축에 반대했던 두 번째 사유는 비교과교사는 오히려 수가 늘어났다는 점이다. 실제로 교육부는 2023년 발표를 통해 2024년에 초등교사 1,000명, 중등교사 1,500명의 정원을 줄이면서 오히려 전문상담교사는 200명, 보건교사는 86명, 영양교사는 71명, 사서교사는 60명을 증원하겠다고 밝혔다. 교원 사이에서도 비교과교사에 대한 논란은 끊이지 않고 있다. 그러나 정규 비교과교사의

---

59   조유라·박성민, "2027년까지 초중고 신규 교원 최대 28% 줄인다", 동아일보(2023.4.25.)

미발령으로 인한 민원(특히 상담교사)은 학교 현장에서 꾸준히 제기되었던 걸 생각할 필요도 있다.

(3) 과원교사 문제의 심각성을 모른다

교원 단체에서 교육부의 교원 감축을 반대한 세 번째 이유는 상기에서 서술한 인구구조의 변화로 인해 과원교사 문제의 심각성이 현장의 교사들에게 전달되지 않았다는 점이다. 현장의 교사들 중 앞으로의 인구구조 변화와 이에 발맞춘 교육부의 교원 정원 관리의 필요성에 대해 데이터를 기반으로 필요성을 공감하는 사람은 적다. 교육부 차원의 노력이 미흡했던 것도 있을 것이고, 교사의 무관심으로 치부할 수도 있겠지만 지적해 볼 대목이 있다. 무산되긴 했지만 초등학교 입학 연령 조정이나 최근의 늘봄학교 정책, 고등학교 내신 및 대입 관련 정책만 봐도 교육부의 사업 및 정책 추진에는 소통의 부재가 늘 자리하고 있다. 코로나19 시기 교사들을 끊임없이 힘들게 했던 '네이버 공문'[60]은 코로나19 이후에도 유효한 단어이다.

교육부의 인적 구성을 살펴보면 최상위에는 정치적으로 임명되는 직책인 장관이 있고, 그 아래에는 행정고시 출신 관료들이 차관과 주요 고위직을 차지하고 있다. 고위직뿐만 아니라 조직 전체 내에 현장 출신 교사는 상징적인 의미를 가지는 소수만 존재해 기본적으로 학교 현장과의 인적 구성이 상이하게 다르다. 이로 인해 정책이 현장과 괴리감이 있고, 정책 추진 과정에서 소통의 부재 등이 끊임없이 제기되어 왔지만 여전

---

60 학교, 학생, 학부모가 대면 출석 및 원격수업 등 관련 내용을 포털사이트를 통해 먼저 알게 된다는 뜻에서 현장에서 쓰인 자조 섞인 말.

히 개선은 이뤄지지 않고 있다.

때로는 현실을 알면서도 외면하는 경우도 있다. 모든 교사들이 인구구조의 변화를 모르는 것은 아니다. 오히려 인디스쿨 등 교사들이 자주 모이는 온라인 커뮤니티에서는 이러한 이야기가 자주 등장한다. 젊은 교사들(특히, 경기도를 제외한 지역) 중심으로 앞으로는 학생 수 감소로 인해 교무부장을 거쳐 교감으로 승진할 가능성이 적어지니 승진 무의미론이 확산되고 있으며, 현장의 부장교사 기피 현상에 일조하고 있다. 아무리 보고 싶지 않아도 언론에서 자주 언급하여 앞으로 10년 뒤 초등학교 5학년 기준으로는 현재 대비 학생 수가 절반으로 줄어든다는 이야기도 자주 언급된다. 언론 보도 등에 어느 정도 관심이 있는 교사들도 아는 이야기를 교육부의 교원 감원 추진[61]에 반대하는 정치인이나 교원 노조의 고위 간부들이 모를까, 하는 의문이 든다. 정치인이야 자신의 지지 세력을 확보해야 하고, 교원 노조 역시 회원의 목소리를 반영해야 하는 단체이기에 그들의 입장에서 어쩔 수 없다는 추정이 훨씬 설득력이 있다. 조금은 불편할 수 있겠지만 이제 과감히 교사의 마음속 믿는 구석과 그것의 나약함에 대해 짚어 보고자 한다.

(4) 공무원의 평생 고용에 대한 신뢰

교사들이 자신의 주변을 둘러싼 고용과 직결된 문제에도 무관심하며, 때로는 학생 수가 주는데도 교사 정원을 더 늘려야 한다는 주장을 펼치는 네 번째 이유는 교사가 공무원이기 때문이다. 교사는 국가직 공무원

61　기존의 교원을 구조조정하지 않기 위해 퇴직자 대비 신규 교사를 덜 뽑아 아주 적은 교원 수만 줄이는 방식.

의 지위를 유지하고 있다. 한때 교사의 지방직화가 추진되려던 움직임도 있었다. 그때 교사 커뮤니티에서 돌던 이야기는 지방공무원은 국가공무원만큼 고용이 안정되지 않으며, 각종 재난 사태에 대응해야 한다는 단점투성이라는 내용이었다. 국가공무원 중에서 가장 큰 수를 차지하는 교사는 자신의 고용 안정에 대해 굉장히 큰 신뢰를 가지고 있다. 국가공무원은 나라가 망하지 않는 이상 국가가 계속해서 고용하니[62] 학생 수가 줄어드는 것과 상관없이 많이 뽑아 나의 동료가 많아진다면 업무를 나눌 인원이 많아져 업무 경감도 된다는 믿음이 있다. 물론, 학생 개인에 투여되는 교육의 질이 향상되는 점도 있겠지만 말이다. 이 부분에 대한 팩트 체크가 필요하다. 과연 사실일까?

정답부터 말해야 한다. 답은 '아닐 수도 있다' 는 것이다. 국가공무원은 「국가공무원법」의 적용을 받는다. 이 법의 제2조에서 공무원을 구분하는데 교사는 특정직공무원으로 명시되어 있다. 따라서 교사는 「국가공무원법」을 적용받게 된다. 이 법의 제8장 제68조(의사에 반한 신분 조치)에는 "공무원은 형이 선고, 징계처분 또는 이 법에서 정하는 사유에 따르지 아니하고는 본인의 의사에 반하여 휴직·강임 또는 면직을 당하지 아니한다."라고 되어 있기에 교사는 절대 고용 유지의 틀 속에 보호되는 것처럼 보인다. 그러나 이 법에서 정하는 사유에 따르지 않을 경우와 본인의 의사에 반한다는 두 조건을 동시에 충족해야 하기에 이 법이 정하는 사유를 더 깊이 들여다볼 필요가 있다.

「국가공무원법」의 제70조(직권면직)를 살펴보자. "①임용권자는 공무

---

[62] IMF 시절 교대의 높은 인기의 요인으로 해석된다.

원이 다음 각 호의 어느 하나에 해당하면 직권으로 면직시킬 수 있다. 3. 직제와 정원의 개폐 또는 예산의 감소 등에 따라 폐직(廢職) 또는 과원(過員)이 되었을 때"라고 되어 있다. 예산의 감소에 따라 과원이 되었을 때 국가공무원이라 하더라도 직권면직이 될 수 있다는 사실을 확인할 수 있다. 그리고 지금도 학생 수 감소를 이유로 교부금을 줄이고 있으며, 향후 저출산의 여파로 과원교사 문제가 대두될 수 있다는 점을 생각한다면 지금까지는 유명무실했던 해당 조항이 실제로 적용될 수 있지 않을까? 그러지 않기를 바라지만 적용된다면 어떤 모습일까?

주목할 판례가 있다. 사립학교 교원인 유치원 교사가 과원에 의한 직권면직을 받았고 이에 무효확인 교원소청심사청구가 있었다. 청구인의 신분이 사립학교 교원인 점이 국가공무원인 국공립 교원과는 차이가 있다. 그러나 「사립학교법」 제53조의2(학교의 장이 아닌 교원의 임용) 제3항부터 제9항까지의 내용과 제56조(의사에 반한 휴직, 면직 등의 금지) 등 신분 보장과 징계에 관한 규정이 상당 부분 국가공무원의 그것과 닮아 있어 참고할 만하다. 피청구인인 사립유치원은 답변서에서 유치원의 학급 수 축소로 교원의 과원이 발생하여 감축이 필요한 상황에서 교원평가 점수, 민원 등을 고려하여 청구인을 면직 대상으로 결정했다고 설명하고 있다. 이 사건 처분의 성격은 「사립학교법」 제56조 제1항 단서에서 정한 학급이나 학과의 개편 또는 폐지로 인하여 직책이 없어지거나 정원이 초과된 경우에 해당함을 그 이유로 설명하고 있다. 앞서 말한 「국가공무원법」의 제70조(직권면직)와 유사한 부분이 많다.

최종 판단은 위법한 것으로 판단되었다. 해당 유치원의 원아 정원이 크게 감소해 교원 감축을 추진하게 된 사정은 인정되었으나 면직 대상자를 선정하는 과정에서 교원 인사의 공정성과 투명성을 확보해야 하는 노력이 부족했음을 지적하며 사립유치원인 피청구인이 면직 대상자 선정을 위해 사전 계획을 수립하고 교원평가 결과의 순위를 산출하는 절차가 없었음을 지적했다. 바꿔 말하면 체계적이고 정량화된 평가 계획에 따라 순위를 산출하는 교원평가 결과가 있었다면 과원교사 문제가 대두되는 상황에서 교원의 의사에 반한 면직은 가능하다는 소리가 된다. 그동안 교원이 크게 믿었던 국가공무원으로서의 신분 보장에 대한 믿음이 무너질 수도 있다는 것이다.

2023년 교원평가 과정에서 일부 학생들이 교사에 대한 모욕이나 성희롱성 글을 적은 사실이 알려지면서 논란이 일어난 적이 있다. 당시에는 교권 보호에 대한 경각심이 사회적으로 회자되면서 교원 단체를 중심으로 교원평가제 철폐에 대한 주장이 있었다. 교육부는 2023년 9월 12일 교원평가제의 전면 검토를 실시하고 2023년에 한해서 실시하지 않는 방안을 발표했다. 당시 교권 보호와 관련한 교원의 국회 앞 시위 등이 이어지던 상황에서도 교육부는 교원평가 폐지 대신 개선의 의지를 밝힌 것이다. 향후 교원평가제를 통한 순위 산출이 정량화·체계화되어 실시되고, 과원교사 문제가 대두된다면 교원평가제는 「국가공무원법」 제70조의 실질적인 발동을 위한 근거가 될 수도 있다.

그동안 교원 신규 임용 규모가 꾸준히 줄어들었음에도 교대 입학 정원이 동결되는 것에 많은 반발 여론이 있었다. 구체적인 해법으로 꾸준히 등장한 것이 교대의 구조조정을 통한 교대 입학 정원 감축이었다. 서두에서 밝힌 바와 같이 교육과정 특성상 교대의 전공 과정은 일반 회사에서는 사용하기 힘든 영역이 많기에 특수목적대학교의 성격을 띤다.

초등교원이 되지 않는 한 사실상 다른 직업을 얻기가 힘든 것이다. 최근 초등교원 임용이 줄어들면서 교대의 인기가 하락하고 교대 졸업생이나 자퇴생이 로스쿨 등 새로운 진로를 많이 알아보고 있는 현상도 이 점에 기인한다.

초등교원 임용 숫자가 줄어드니 교대 교수들을 구조조정하라는 논리는 바꿔서 말하면 학령기 인구가 줄어드니 교원을 구조조정하라는 것이 될 수도 있다. 구조조정의 대상에게 급격하고 대안을 주지 않는 추진 방식은 폭력적이긴 하나 미리 준비하지 않는 경우 불가피할 수가 있다. 교육대학교 구조조정이 어제오늘의 일이 아닌데도 지지부진했던 것처럼 교원 정원에 대한 장기적인 계획이 없다면 교원 역시 더 이상 구조조정의 무풍지대 안에 머물긴 힘들 것이다.

4. 위기를 기회로 바꾸기 위한 제언

지금까지 언급한 과원교사 문제와 관련한 예상에는 큰 전제 조건이 하나 있었다. 학생 수가 줄어드는데도 교원과 학교, 공교육의 역할이 기존에 머물러 있다면 그렇다는 점이었다. 만약 학생 수가 줄어도 공교육과 교원이 기존에 수행하지 않던 새로운 역할을 하게 되고 교육의 질을 높인다면 어떨까? 학생 수가 10명이건 20명이건 학부모는 크게 체감을 못 하겠지만 늘봄학교, 방과후학교, 개인 맞춤형 방과후수업 등 더욱더 다양한 역할을 하게 된다면 교원 수 유지에 대해 다소 우호적인 여론이 형성될 수 있다. 또한 이러한 점을 내세워 예산을 배정하고 공무원 정원을 관리하는 정책담당자가 내세울 명분 또한 주어진다. 교원 단체가 주장해 온 학생 맞춤형 교육과 질 높은 교육 실현을 위한 교원 정원 유지라는 명분도 만들 수 있다.

교육부의 현재 움직임처럼 퇴직자 대비 신규교원을 덜 뽑는 방식을 택하더라도 교대와 사범대의 구조조정은 피할 수 없으며, 교원 양성 과정에 있는 예비 교사들과 대학교수들의 피해는 생긴다. 공교육 내에서 교사의 역할을 다양화하는 방식을 택한다면 학생, 학부모는 질 높은 교육을 받을 수 있으며, 교사 역시 기존의 교원 정원을 최대한 유지하며 교원 양성 과정에 있는 당사자들의 피해도 최소화할 수 있다. 학생 수 감소의 근본적 원인인 저출산의 주원인으로 지목받는 사교육비 부담과 육아 및 돌봄 등에서 부담을 부분적으로 해소할 수 있다. 이는 저출산, 학생 수 감소, 교원 감원으로 이어지는 악순환 구조를 개선하는 계기가 될 수 있다.

교사들이 교원 감원에 반대하는 가장 큰 이유로 공무원 조직의 특성을 꼽았다. 공무원은 신분이 보장된다는 전제하에 새로운 업무를 맡는 것에 소극적일 수밖에 없다. 하지만 이러한 전제가 무력화되는 상황이 오고 있다. 공무원이 새로운 업무를 맡는 것에 소극적인 이유는 정부가 새로운 업무나 사업을 추진할 때 공무원의 기존 업무에 일을 더하는 방식을 택하고, 금전적인 인센티브 부여에는 인색한 것이 기인하는 바도 크다.

조직의 운영 목적이나 운영 체계가 다르기에 단순 비교는 어렵지만, 기업과 비교를 해 보자. 학생 수가 줄어드는 것은 공교육의 입장에서 보면 시장이 작아지는 것을 의미한다. 대개 이런 경우 기업은 새로운 시장을 개척하거나 사업 영역을 확장하여 생존을 위해 적극적으로 움직인다. 국내 굴지의 육가공업체로 알려진 하림이 2023년 돌연 HMM 인수를 시도해 많은 사람들이 놀랐다. 이미 하림은 기존에 팬오션 인수를 통해 선사 쪽으로 진출했었고, 2021년 6월에는 이스타 항공 입찰을 시도하다 철회한 적이 있다. 육가공업체가 왜 이러한 사업 확장을 시도할까? 유력한 추측은 내수기업이던 하림이[63] 저출산으로 인해 내수시장 붕괴가 예상되자 기업의 신성장 동력을 찾아 나선 것으로 추측한다. 물론 육가공업체 특성상 물류와의 시너지 효과도 기대했을 것이다. 비단 하림뿐만 아니라 기업이 시장이 줄어들 것으로 예상된다면 적극적으로 새로운 시장을 개척하거나 신성장 동력을 찾는 모습을 쉽게 찾아볼 수 있다.

교육부 입장에서 학생 수가 줄어드는 것은 시장이 축소되는 것이다. 기업이라면 새로운 성장 동력을 찾거나 구조조정을 통해 사업을 축소하는 것이 정상이다. 교원 정원을 최대한 유지하기 위해서는 이제 공교육도 새로운 성장 동력을 찾아야 한다. 교원이 기존의 교육과정 내 수업을 하는 역할에서 교육과정 내외에서 다양한 수업과 행정지원 등의 역할을 해 주면 어떨까? 교원 감원을 통한 학교 조직의 축소보다는 과원교사를 통해 다양한 역할 수행으로 학교 조직을 유지하고, 이를 통해 출산율 회복이라는 선순환과 질 높은 교육을 구현한다면 모두를 만족시키는 현명한 해결 방안이 될 수 있다.

그렇다면 교사가 새롭게 수행할 수 있는 역할은 구체적으로 뭐가 있

63　전체 매출액 대비 수출 비중은 1% 수준(2022년 기준).

을까? 저출산의 주원인으로 돌봄과 관련된 공적 서비스의 부족으로 가정과 직장생활을 병행하기 어렵다는 점, 사교육비 부담 등이 꼽히는데, 공교육의 역할 확대로 해소에 기여 가능한 부분이 있다. 지금부터 열거할 교사의 역할 확대가 가능한 부분은 기존에 없던 새로운 것이 아니라, 교육계 안팎의 요구가 꾸준히 있었으나 인사적·금전적·행정적 인센티브가 없거나 유지되지 않는 등의 이유로 교원의 반대에 부딪히거나 지속·확대되지 않는 것들이 많다. 강사를 채용하거나 기간제 교원 및 공무직을 배치하는 등 다양한 방식의 인력 수급이 있었으나 이제는 이러한 역할을 정규 교원이 맡는 것을 생각해 볼 수 있다. 물론 기본적으로 교원 정원에 여유가 생기는 것을 전제로 한다. 기존의 담임이나 업무를 담당하던 교사에게 추가로 업무를 얹어주는 것이 아니라, 해당 역할만을 수행하는 교원을 배치하고 현실적인 인센티브를 부여하는 노력이 있다면 현장의 교사들도 반발이 덜할 것이다.

(1) 늘봄학교

첫 번째로 늘봄학교 등 돌봄 서비스가 손에 꼽힌다. 대선에서 모든 후보가 앞다투어 늘봄학교 관련 정책을 발표할 정도로 학부모는 늘봄학교의 확대와 조속한 시행을 원하고 있고, 시범 실시한 학교의 학부모 만족도가 높다는 보도가 쏟아져 나오고 있다. 반면, 교사들은 교육과 보육의 경계를 무너뜨리고 교사에게 새로운 업무 부담을 가중하는 현재의 늘봄학교 추진에 반대하고 있다. 교사들이 늘봄학교 추진과 관련해 정부와 교육부를 불신하는 배경을 살펴볼 필요가 있다.

현장의 교사들은 기존의 돌봄학교 추진 방식을 통해 교육부와 정부의 늘봄학교 사업 추진 방식을 충분히 예상할 수 있다. 경기도의 경우 돌봄 학교 사업 초반에는 업무 담당자와 해당 학교의 관리자에게 금전적인 수당을 주었으며 승진가산점을 부여했다. 하지만 금전적인 수당은 금방 사라졌고 승진가산점도 차츰 사라졌다. 2023년 기준 경기도의 80개 늘 봄학교 추진 학교에서는 초등학교 1학년 담임교사가 방과후에도 학급 학생들을 남겨 두고 지도하면 시간당 4만 원의 수당을 주었다.[64] 그러나 교원 조직 내부에서는 교사의 근무 시간 중 수업에 대해 수당을 주는 업 무가 잠시 생겼으나 이내 사라져 왔다는 사실[65]과 돌봄학교 추진 과정의 학습 효과로 인해 지속가능하리라고 생각하는 이는 적다. 오히려 사업 초기에 교사들의 반발을 줄이려는 한시적 인센티브로 보는 시선이 더욱 많다. 정리하자면 교원 단체 반발의 큰 요인은 인센티브나 인원 보충이 없는 상태에서 학교의 업무만 확대하고 교사에게 부담이 증가하는 것에 기인한다고 볼 수 있다.

현재 돌봄교실은 지도사를 공무직 형태로 채용해 운영하고 있다. 돌봄 지도사의 자격 취득이 정규 교원과 비교했을 때 간단하고, 그로 인해 돌 봄지도사가 수행할 수 있는 역할도 한정적이다. 만약 정규 교원이 돌봄 교실에 투입된다면 어떻게 될까? 더욱더 많은 역할을 수행할 수 있게 될 것이다. 학생에게는 의미 있는 교육활동을, 학부모에게는 교육 만족도 상승 등 더 큰 효과를 기대할 수 있다. 지금껏 정규 교원을 투입하지 못 했던 유일한 이유인 정규 교사 인력 부족이라는 문제가 저출산으로 해

---

64 보통은 학기 중 담임교사 1인당 한 달 120만 원 수준의 수당을 받았다.
65 교과보충수업

결될 수 있는 지금이 기회이며, 이미 채용한 돌봄지도사는 공무직 특성 상 신분을 보장해 주어야 하기에 향후 초등학생 수 추이를 세밀히 분석 하여 정규 교원 내에서 근무 시간 유연화를 통한 늘봄지도사 역할 수행 이 필요하다. 당장 돌봄과 늘봄에 필요한 모든 인력을 초등교사로 투입 할 수는 없겠지만, 초등교사에게 추가로 업무 및 수업 부담을 주는 것이 아니라 과원교사 추이를 분석해 공무직인 돌봄지도사를 최소한으로 선 발하고 초등교사 중 희망을 받아 역할을 수행하는 것으로 한다면, 과원 교사 문제도 선제적으로 대처할 수 있고 모두가 만족하는 질 높은 공교 육의 확장이 가능하다.

2022년 전국의 돌봄학교 교실 수는 14,970실이다.[66] 2012년의 7,086 실에서 10년간 두 배 이상 늘어난 수치이다. 초등학교 1~2학년 학생이 83.1%로 다수를 차지했지만 교육부의 늘봄학교 추진 방침은 전체 초등 학교 학생으로 확대하는 것이 목표이므로 이 수치는 더 늘어날 것이다. 어림잡아 2만 명만 잡아도[67] 많은 수의 과원교사가 학생 수 감소 위기에 서 벗어날 수 있는 퇴로가 확보될 수 있어 발상의 전환이 필요한 시점이 다. 이미 부산광역시교육청이 늘봄학교 직원에 공무직 대신 정규직 공 무원 배치를 요구하는 긴급 안건을 전국시도교육감협의회에 제출했다. 교육행정직이 한번 자리를 잡게 되면 그 자리를 교원이 가져오기는 쉽 지 않으니 이에 대한 교원들의 논의가 시급하다.[68]

---

66   교육부(2023). 초등 돌봄 대기 해소와 2학기 늘봄학교 정책 운영 방향
67   매우 보수적으로 추산한 것이며 그 이상일 확률이 상당히 높다.
68   윤근혁, "'늘봄, 공무직이면 학생 피해'…'공무원 배치' 긴급안건", 오마이뉴스(2024.2.14.)

(2) 맞춤형 교육

두 번째로 교사의 역할 확대를 고민할 부분은 개인 맞춤형 교육이다. 개인 맞춤형 교육에서 주목할 부분은 기초학력 부진, 다문화 학생 등 특별한 도움이 필요한 학생들과 보통 이상의 학력을 갖춘 학생들을 대상으로 한 수월성 교육 등 폭넓게 생각해 볼 필요가 있다. 학생 자녀가 있는 30대 이상 가구주를 대상으로 한 조사를 보면 58%가 교육비가 부담된다고 응답하였으며, 교육비 부담 요인은 72%가 사교육비였다.[69] 특히 초·중·고등학생 자녀가 있는 30~40대의 경우 사교육비 비율이 92.1%, 85.8%로 높았고, 학교급별 월평균 사교육비는 초등학교 37만 2천원, 중학교 43만 8천원, 고등학교 46만 원으로 나타났다. 학생 수 감소로 개인 맞춤형 교육을 한다고 했을 때 다문화 학생이나 기초학력 부진 학생을 위한 지도에만 초점을 맞추는데, 이런 학생들의 경우 사교육비를 지출하는 비율이 상위권 학생에 비해 낮은 편이다. 고등학생의 일반교과 사교육을 성적 분포로 분석한 통계를 보면 이를 알 수 있다.

성적 구간별 사교육 참여율

구분	성적 구간별 사교육 참여율(%)					
	전체 평균	상위 10%내	11~30%	31~60%	61~80%	81~100%
일반교과 사교육	55.4	72.6	67.9	59.2	48.3	34.3
예체능 사교육	16	8.5	10.8	13.9	19.9	24.8

---

69 통계청. 2022년 사회조사.

일반교과에 대한 사교육의 경우 성적이 높은 학생일수록 사교육에 참여하는 비율이 비례하고 있음을 알 수 있다. 따라서 다문화 학생과 기초학력 부진 학생을 위한 보충 개념의 개인 맞춤형 교육만큼이나 모든 학생에게 수준별로 의미 있는 교육이 이뤄져야만 저출산 원인 중 하나인 사교육비 문제를 근본적으로 해결할 수 있다.

한국교육과정평가원은 코로나19 이전의 외부 강사를 통한 기초학력 사업보다 정규 교원을 통한 교과 보충이 학생, 학부모, 교사의 만족도가 더 높았다고 밝혔다.[70] 학생과 학부모 입장에서 만족도가 더 높은 것은 이해하지만, 업무 부담이 되는 교사 역시 만족도가 높았던 이유는 무엇일까? 정답은 '인센티브'에 있다. 교과 보충의 경우 일과 시간 중 교사의 정규수업 외 보충수업에 시간당 수당을 지급했다. 이 점으로 교사 역시 추가 업무에 대한 거부감이 줄었으며, 해당 사업이 교육공동체 모두에게서 높은 만족도를 보일 수 있었다. 이 점에 착안해 교사에게 개인 맞춤형 지도의 역할을 부여할 방법을 고민해야 한다. 정규 교원은 사교육 강사들 대비 학력이나 학생 지도 능력이 절대 부족하지 않다. 오히려 교원 임용이라는 과정을 통과했다는 측면에서 능력 면에서는 우위에 있다고 볼 수 있다. 또한 학교 안에서 학생들의 특성을 이미 파악하고 있다는 점 등이 정규 교원이 방과후 맞춤형 지도에 가장 좋은 인적자원이라는 것을 뒷받침한다. 추후 학생 수가 줄었을 때 필요 이상으로 학급당 학생 수를 줄이거나 과원교사를 줄이기보다는 교사 중 일부를 방과후 맞춤형

---

70 엄기숙, "교육과정 평가원 '교육회복사업, 만족도 높아'", KBS (2024.1.19.)

지도를 위한 인력자원으로 전환한다면 어떨까?[71]

여러 가지 방법이 있을 수 있다. 우선 초등의 경우 한 교사가 1학년부터 6학년까지 모든 과목을 가르칠 수 있도록 교사 양성 과정을 거쳤기에 훨씬 더 다양한 복무 방식을 고려해 볼 수 있다. 기존의 담임교사 외에 교과전담 교사에게 정규수업시수를 낮춰 준 후 줄인 시간만큼 방과후 보충수업에 임하게 하는 방법이 있다. 또 학년별로 수업이 끝나는 시간이 다른 만큼 오전에는 행정업무나 정규수업 결보강을 위한 인력으로 활용하고,[72] 방과후에 보충수업을 실시하는 방법도 고려해 볼 수 있다.

중등의 경우 교사가 담당하는 교과목이 지정되어 있기에 초등과 같은 방법은 무리가 있다. 각 교과별로 일과 중에 실시하던 수업시수의 일부를 줄인 후 줄인 만큼 방과후 맞춤 지도에 활용한다면 과원교사 문제를 해결할 수 있는 새로운 돌파구가 될 것이다. 산술적으로 따져 보아도 10년 후 학생 수가 지금의 절반으로 줄어도 학생 1인당 공교육 내에서 받게 되는 수업시수가 늘어난다면 교원 정원 수 유지의 명분이 될 것이며, 사교육비 절감을 통해 지금의 학생 수 감소의 근본적인 해결책도 될 수 있다. 교사 1인당 수업시수가 늘어나는 것이 아니라 학생 1인당 연간 수업시수가 늘어나는 것이므로 교원의 반발도 적을 것이다. 학생도 자신을 잘 알고 있는 교사에게서 정규수업과 연결되는 맞춤형 지도를 받을 수 있어 좋은 정책이 될 것이다. 학생 1인당 방과후 학습 관련 지도로 수업시수가 15%가량 늘어난다면 전체 교원 36만 명 중 10%가량 정도의

71　물론 기존의 급여, 연금, 기타 혜택을 동등하게 유지해 줘야 한다.

72　지금도 학교 현장에서는 결보강이 교원 간 갈등의 한 요인이다.

교원은 감축할 필요가 없다는 사회적 동의가 예산정책 관련 부서에게 설득력을 가질 수 있으리라 기대한다.

예체능 역시 고등학생의 16%가 사교육을 받고 있으며, 초등학교로 내려갈수록 이 비율은 상승하기에 교사들이 학습과 관련한 개인 맞춤형 지도 외에도 다양한 방과후수업을 직접 지도하는 것도 고려할 수 있다. 실제로 초등에서는 음악, 체육, 미술 관련 사교육이 교과 수업만큼이나 큰 비중을 차지하고 있기 때문이다. 연도별 월평균 사교육비 통계를 살펴보면 2014년 24.2만 원, 2015년 24.4만 원으로 큰 변화 없이 안정화 추세였던 사교육비는 2016년 25.6만 원을 시작으로 해마다 1~3만 원이 꾸준히 올라 2019년 32.2만 원으로 높은 증가 추세를 보였다. 한국교육개발원은 이를 지난 몇 년간 방과후학교 프로그램의 감소 추세와 맞물린 것으로 판단하며 사교육비를 줄이기 위해 방과후학교 프로그램 활성화를 대안으로 제시한 바 있다.[73] 도서벽지처럼 방과후 강사를 구하기 어려운 곳은 지금도 정규 교원이 수당을 받는 형태로 방과후수업을 진행하고 있다. 이를 더 확대하자는 것이다. 이에 대해 금전적 인센티브도 고려할 수 있겠지만 본래 목적인 사교육비 절감이라는 취지에 맞도록 방과후 특기적성 수업을 교사의 정식 수업시수에 포함하도록 한다면 교원들의 반발도 크지 않을 것이며 교원 정원 유지에도 도움이 된다.

다문화 학생에 대한 정규 교원의 역할 강화도 필요하다. 2019~2023년 연도별 학생 수를 보면 전체 학생 수는 꾸준히 줄어드는 반면 다문화

---

73 교육통계서비스 공식 블로그 카드뉴스(2024.1.17.) 방과후학교 참여율 및 사교육비 추이 탐색

학생 수는 해마다 늘고 있으며, 전체 학생 내에서 다문화 학생이 차지하는 비율도 가파르게 상승 중이다. 이에 따라 교육부는 현재 각 시도의 초등학교, 중학교를 대상으로 한국어 학급을 설치해 운영을 지원하고 있다. 다문화 비율을 고려해 선정된 학교는 교육부와 각 시도 교육청의 예산을 지원받아 한국어 지도 강사를 채용해 다문화 학생들을 하루 2시간 지도하고 있는데, 2017년 179개, 2021년 408개, 2023년 527개 학급으로 지속적으로 확대되고 있다. 해당 학급을 지도하는 것을 정규 교원이 할 수는 없을까? 가능하다. 이미 경기도는 초등학교 한국어 학급에 한국어교원 자격증 3급 이상을 가진 강사 1명과 정규 교원 1명이 함께 협업 수업 중이며, 정규 교원도 해당 학급을 맡게 되면 한국어교원 자격증 3급을 따도록 연수비를 지원해 주고 있어 많은 전문교사가 생겨나는 중이다. 교육부와 각 시도 교육청의 예산 대부분이 한국어교원 강사비에 많이 쓰이고 있어 정규 교원들이 이러한 역할을 맡게 되면 예산을 아껴 더 많은 한국어 학급을 신설하여 운영할 수 있게 된다.[74] 해당 자격증이 진입 장벽이 높지 않으며, 우리나라 교원의 수준이 높은 점을 고려하면 충분히 실천할 수 있는 대안이다.

---

74 경기도는 해당 학급을 정규 학급으로 대우해 담임수당 등도 지급하고 있다.

연도별 다문화 학생 수 및 비율

구분	연도별 다문화 학생 수 및 비율[75]				
	2019	2020	2021	2022	2023
전체 학생 수 (초·중·고)	5,452,800	5,346,874	5,323,075	5,275,054	5,209,029
다문화 학생 수(비율)	137,225 (2.5%)	147,378 (2.8%)	160,058 (3%)	168,645 (3.2%)	181,178 (3.5%)

(단위: 명)

(3) 행정 전담 교사

교사의 역할 확대를 위한 세 번째 대안으로 행정 전담 교사를 고려해 볼 만하다. 현재 교육행정직이 수행하는 업무는 교육행정직이 생겨나기 이전에는 교사가 하던 것이었다. 현재는 과거보다 교사 양성 과정도 길어진 만큼 교사 양성 과정을 개편하고 현재의 정규 교원 중 희망을 받아 양성 과정을 거친다면 점진적으로 공무직이나 교육행정직이 수행 중인 행정업무를 수행할 수 있을 것이고, 학교의 입장에서도 수업과 행정이 모두 가능한 인력을 확보해 학교 학사운영에 유연성을 더해 줄 수 있다. 학교 현장에서 많은 교사들이 승진을 하지 못하면 정년퇴직보다는 명퇴 등을 신청하는 것은 수업에 대한 부담에서 오는 측면이 많다. 행정 전담 교사제도가 시행된다면 이러한 교사들에게 새로운 선택지를 만들어 주는 긍정적 효과도 있다. 과거 경기도에서 실시했던 업무전담팀의 경우 학교 안의 몇몇 교사에게 수업을 줄여 주는 대신 학교 업무를 몰아주는 형태로 운영했는데, 정작 업무전담팀 희망자를 충원하지 못해 무산된 경우가 많았다. 학생 수 감소로 교원 정원에 여유가 생긴다면 자연스레 운영할 수 있는 정책으로 실현 가능성이 충분히 있다고 생각한다. 행정 전담 교사를 하고 싶어 하는 교사와 행정 전담 교사가 생기길 원하는

75 교육통계서비스

교사가 있으니 수요와 공급이 있을 것이며, 상위기관에서도 기존의 공무직과 교육행정직을 점진적으로 대체하는 것이니 인건비 지출이 급증하지도 않을 것이다. 이미 선발된 공무직과 교육행정직은 고용을 유지해야 하니 앞으로 새롭게 선발되는 공무직과 교육행정직을 최소화하고 이들의 자리를 교사로 대체하는 방안을 추진해야 한다. 새롭게 생겨나는 행정 전담 교사는 공무직, 교육행정직, 교사 간의 업무 갈등 사유였던 업무의 교육활동 관련 여부에서도 비교적 자유로워 학교 안에서 업무분장을 할 때도 잡음이 적을 것이다. 전국의 학교가 2만 개가량이고, 교별로 1~2명의 실무사가 있고, 이들에 더해 전국에 7만 4천여 명의 교육행정 공무원들이 있음을 감안한다면 장기적으로 상당한 수의 교원에게 새로운 역할 부여가 가능하다.

5. 정책 추진에 대한 두 가지 당부

지금까지의 논의를 토대로 과원교사 문제를 교사의 역할 다양화로 해결해 나가는 방안을 정리해 보았다. 2023년 현재 우리나라의 정규 교원은 36만 명가량이다. 현재 학급당 학생 수가 초등 21.9명, 중등 24.8명인데 이는 이미 OECD 평균과 비슷한 수준이다. 학생 수 감소로 2032년에는 학급당 학생 수가 10.9명이 예상되고 있다. 만약 학급당 학생 수를 지금 수준에서 유지한다면 적어도 10만 명 이상의 과원교사가 발생할 것이다. 이를 해결하기 위해 교사의 역할 다양화를 통한 공교육의 서비스를 높여 우호적인 여론과 사회적 명분을 만든다면 교원 감원의 칼바람을 피할 수 있을 것이다.

기존의 교사가 수행하던 수업과 업무 외 새롭게 부담을 더하는 정책 추진만을 고집하면 안 된다. 그동안 교육부와 현장의 교사들이 마찰을 빚어 왔던 기저에는 교사의 업무 부담이 깔려 있기 때문이다. 학생 수가 줄어 교사 정원에 여유가 생긴 상황을 이용해 공교육이 더욱 다양한 역할을 수행하는 것을 고려해야 한다. 그 중심에 교사가 서 다양한 역할을 수행하는 건설적인 대안을 제언했다.

교사가 점차적으로 늘봄과 돌봄지도사의 역할을 수행하는 방안을 통해 2만 명가량의 교원이 새 역할을 찾을 수 있다. 학생 수준별 맞춤 지도와 다양한 방과후학교 프로그램 운영, 다문화 학생을 위한 한국어 학급의 확대를 통해서도 많은 자리 확보가 가능하다. 교육행정 전담 교사도 정착된다면 많은 교사에게 퇴로를 열어 주는 방안이 될 수 있다.

이를 위해서 두 가지 전제 조건이 필요하다.

첫째, 교원에게 현재 상황에 대한 통계에 기반한 설명과 공감대 형성이 급선무이다. 그동안 교육부의 사업 추진 방식이 교사를 변화의 대상으로만 볼 뿐 주체로 보지 않았기에 사업 추진에 있어 교사의 반발이 많았다. 이를 답습하지 않기 위해서 교사 스스로 문제의 심각성을 인식하고 평생 고용, 안전 직장의 환상에서 벗어나 적극적인 동참을 유도할 필요가 있다.

둘째, 장기적인 마스터플랜 수립이 필요하다. 지금도 늘봄과 돌봄 관련 지도사, 교육공무직, 교육행정직이 계속 선발되고 있다. 이미 선발된 이들은 신분 보장을 해 줘야 한다. 이들에게 하루아침에 나가라고 하는 것은 교사에게 그렇게 말하는 것과 같다. 수많은 목소리에도 교대 입학 정원이 유지되고 있는 점에서 반면교사해야 한다. 당장 2032년 학생 수가 절반 수준으로 줄어든다. 우리에게 남은 골든타임은 길지 않으며, 그동안의 준비 상황으로 봤을 때는 「교육공무원법」 제70조(직권면직)가 현실화되는 것을 막기 어려워 보인다.

2부

교사 주도성, 미래 교육의 시나리오를 쓰다

초저출산 시대와
미래 교육의 전환[76]

김인엽

1. 코로나19와 초저출산의 위기

지난 2019년 말 갑자기 등장한 코로나19는 다양한 사회 위기를 초래했고 우리 삶을 송두리째 바꾸어 놓았다. 전염병의 위기가 다소 안정화되고 있다는 안도감도 잠시일 뿐, 우리 사회는 더 큰 전대미문의 역사적위기에 직면해 있다. 바로 대한민국의 초저출산 현상이다.

통계청 발표에 따르면 2023년 현재 우리나라의 합계출산율은 0.72명이고 2024년에는 0.6명대 진입이 확실시되고 있다고 한다. 한마디로 인구절벽의 절망적 상황이라고 할 수 있다. 초저출산으로 인한 사회문제는 비단 경제적 문제에만 국한되지 않는다. 생산가능인구의 감소로 인한 생산과 소비의 위축, 일자리 상실 등 경제적 위기는 물론, 학교 소멸

---

76 본 장은 '좋은교사운동본부'의 〈코로나19가 우리 교육에 남긴 것〉 정책 토론회의 토론문과 '한국직
업능력연구원' 2019년 기본보고서 〈평생학습체제 수립을 위한 국가 교육 및 훈련관련 법령 개선 연
구(과제책임자: 김인엽)〉의 일부를 글의 성격에 맞게 수정·보완하여 작성하였다.

과 지역 소멸로 이어져 삶의 기본 생태계를 파괴하게 된다. 특히, 학교의 소멸은 단지 고등교육기관인 대학교의 폐교만을 의미하지 않는다. 유치원, 초등학교, 중학교, 고등학교 등 모든 학교의 소멸을 일으킬 것이다. 이는 1차적으로 교사를 포함한 교육행정가의 일자리를 상실케 함은 물론, 지역에 거주하는 아동의 교육 소외 현상을 낳아 결국 교육격차, 빈부격차를 심화시키게 된다.

한국보건사회연구원의 최근 초저출산의 원인 규명 연구를 검토해 보면, 결혼과 출산에 대한 경제적 부담과 양육 및 교육비 마련의 부담을 공통으로 지적하고 있다. 우리는 지난 3년간 코로나19의 위기 속에서 가정의 경제적·사회적 상황에 따라 교육 기회가 엄연히 다르고, 공평하지도 않았다는 것을 체감했다. 공교육이 대면 수업을 포기하고 전면 온라인으로 전환하는 사이, 사교육은 더욱 활개를 치고 사교육비는 기하급수적으로 증가했다. 이는 「국제법」과 「헌법」에서 부여한 아동의 안전권을 지키기 위해 병존해야 할 학습권을 침해하는 결과를 초래했다. 코로나19 출현 이후 K-Edu를 표방한 우리 교육계의 대응이 과연 「아동권리협약」이나 「헌법」 제31조의 가치를 실현하는 데 합당하고 적절한 조치였는지 아직도 의문을 지울 수 없다.

결과적으로 지금의 젊은 세대는 자신이 처한 다양한 사회적·경제적 위기와 함께 경제적 가치의 절대적 중요성, 부(富)의 세습이라는 절망적 상황을 경험하면서 미래 세대가 부담해야 할 더 큰 절망과 좌절을 본 것이다. 즉, 내 아이는 미래에 희망이 없는 절망적 상황에 노출될 가능성이 높다는 것을 피부로 느끼게 된다.

필자는 이런 상황이 결혼과 출산의 기피를 낳는 가장 큰 이유라고 감히 주장한다. 단순히 양육 및 교육비의 부담 가중은 피상적인 원인에 불과하고, 그 기저에는 미래 세대의 불안과 절망이 자리 잡고 있는 것이다. 하지만 포기하고 좌절만 할 수는 없다. 어떻게 하면 초저출산의 위기를 극복할 수 있을지 대안을 함께 모색할 필요가 있다. 여기서 필자는 교육정책 전문가로서 몇 가지 과제를 던지고 새로운 시각의 교육정책 대안을 제시하고자 한다.

2. 초저출산이 교육 현장에 던진 과제

코로나19로 촉발된 사회 전반의 교육격차 문제를 진단하고 해소하기 위한 다양한 연구가 지금 진행 중이다. 특히 지난 문재인 정부에서는 포용적 평생학습체제 구축이라는 정책 목표로 포용 성장을 위한 유아교육 공공성 강화, 학교교육의 돌봄 기능 강화, 하이브리드 교육에 대응하는 학교교육 환경 변화, 시민성 회복을 위한 역량 강화 등에 중점을 두어 교육정책을 추진했다(김인엽 외, 2019). 코로나19 상황 속에서 교육권의 주체자인 국민 속에 새로운 사회적 약자의 출현에 주목하면서 교육의 의무이행자인 국가의 포용적 공교육체제 수립을 위한 질적 성장을 도모했다. 그리고 인권 공백의 주요 지점으로 교육 약자, 빈곤층, 낙후 지역 등을 제시하고 집중적으로 지원하는 노력을 시행했다.

하지만 그런 노력에도 불구하고 전 국민이 인식하는 교육격차와 지역 격차는 해소되지 않았으며, 결과적으로 미래를 불안해 하는 청년 세대는 결혼과 출산을 포기하고 합계출산율 0.72명(2023년 기준)이라는 초라한 성적표를 받게 되었다.

필자는 이런 초라한 성적표의 원인을 크게 세 가지 범주에서 찾고자 한다. 바로 교육 가치의 혼돈, 교육 실행 주체 간의 갈등, 법령과 제도의 미비 등으로 제시할 수 있다.

(1) 교육 가치의 혼돈

대략 30년 전, 1995년 정부는 5·31 교육개혁을 추진했다. 학령인구의 급격한 감소 현상이 향후 우리 교육의 위기를 가져올 수 있다는 위기감 속에서 교육개혁을 감행한 것이다. 당시 교육개혁의 목표는 '세계화를 위한 신교육체제 수립'이었고 자립형 사립고와 외국어고, 과학고를 포함한 특수목적고 등으로 대변되는 시장 경쟁 논리가 교육을 지배하게 된다. 이를 기반으로 신자유주의 교육정책은 김대중 정부, 노무현 정부, 이명박 정부, 박근혜 정부, 문재인 정부 등 여러 정부를 거치면서 수정·보완되기는 하였지만 큰 변화 없이 유지됐다.

특히, 코로나19 상황을 맞이한 문재인 정부의 공교육 대응 방안은 교육 가치 혼돈 및 교육철학의 부재로 인해 다소 미흡했다는 평가를 받고 있다. 전염병의 대유행 속에서 아동의 안전권을 지키기 위한 공교육 대면 교육 폐지 및 온라인 교육 전면 시행은 아동의 온전한 학습권을 상실한 절반의 성공에 그쳤다.

아쉽게도 온라인 학습 진행에서 교육적 지원은 찾아보기 어려웠고, 우리 교육에서 매우 강조되어 온 협동 학습, 문제해결 학습 같은 교실 학습 모형과 잠재적 교육과정의 교육적 가치가 완전히 사라지게 된다. 또한 교육과정-수업-평가의 일체화도 찾아보기 어려웠다.

단지, 온라인에서 아동 출석을 확인하는 형태의 존재 증명만이 교육청, 학교, 교사의 주요 역할이 되었다. 또한 교육부 주도의 하향식 정책 추진은 교사의 정책 인식의 한계로 나타났고, 우수한 교육 콘텐츠를 개발할 수 있는 교사의 역량 부족 문제도 제기되었다. 안타깝지만 상당수 가정의 아이는 공교육 대신 사교육을 찾게 되었다. 가정의 사교육비는 기하급수적으로 증가했고, 집안 형편이 곤란한 가정의 아이들은 가정에서 홀로 방치되는 현상이 발생했다. 이러한 상황에서 젊은 세대는 폭증하는 집값과 함께 빈부격차를 절감하게 되고, 암담한 미래에서 희망의 씨앗조차 찾기 어렵다는 결론을 내린 듯하다.

이는 우리 교육의 가치 방향과 교육철학은 과연 무엇인지에 대한 의문점을 제기해 주었다. 교육은 온라인 교육 또는 오프라인 교육 등 그 형태와 무관하게 아동의 성장과 배움이 일어나는 것을 기본 전제로 해야 하고, 어떤 경우라도 아동의 삶의 질 향상과 괴리되어서는 안 된다. 모든 교육 문제의 인식과 해결 방안은 반드시 아동을 중심에 놓아야 한다. 아동 발달단계 이론[77]에 비추어 볼 때 최소 유치원과 초등학교 저학년 아동은 지난 3년의 세월에 결정적인 교육 박탈 현상을 경험했을 가능성이 높다. 이는 단순히 코로나19가 종식된 현시점에서 끝나는 문제가 아닌, 잠재적인 큰 위기 요인이다. 인지적 영역은 물론 정서적·심동적 영역 등에 항구적(恒久的)인 악영향을 끼칠 개연성이 매우 높다. 아동 인권 측면

---

77 아동 발달단계 이론은 다양하다. 예컨대, 결정적 시기 이론의 경우 어떤 심리적 특성이나 행동이 특정 시기에 획득되어야 하며, 그 시기가 지나면 획득 불가능하다는 발달의 비가역적 성격을 뜻하는 개념이다. 예를 들어 에릭슨(Erikson)의 이론에서는 유아기가 기본적 신뢰감을 형성하는 데 결정적 시기라고 하는 반면, 피아제(Piaget)의 이론에서는 이 시기가 감각 운동적 사고를 획득하는 데 결정적 시기라고 한다. 또한 콜버그(Kohlberg)의 도덕성 발달이론이 있다.

에서 조망할 때 국가의 방역 지침에 의해 인권[78]의 기본 속성인 불가침성이 침해당한 것으로도 볼 여지가 크다.

(2) 교육 실행 주체의 갈등

최근 늘봄학교 문제가 연일 언론에 보도되고 있다. 정부는 초저출산 시대에 아동 돌봄의 사각지대 해소를 위해 늘봄학교의 필요성을 강조하고 있다. 늘봄학교 시범 사업을 토대로 전국 확대를 강력하게 추진하고 있다. 문제는 늘봄학교에 대한 체계적 지원 체제 정비나 인적자원의 구성 없이 급하게 추진하다 보니 학교 현장 교사들의 불만을 야기하고 있다는 점이다. 교사뿐만 아니라 늘봄학교 지원 인력과 일반 공무원 간 역할 조정 문제로 모두가 불만이 높다. 그런데도 학부모들은 정부의 늘봄학교 운영에 전반적으로 찬성하는 듯하다. 자녀를 둔 개별 교사의 입장도 늘봄학교의 필요성은 인식하고 있으나 '교사는 교육하는 사람이지 돌봄을 하는 사람은 아니다.' 라는 견해에서 늘봄학교를 부정하고 있다. 하지만 교사들의 주장은 국민에게 점점 설득력을 잃어 가고 있는 것으로 보인다.

지난 2001년 OECD 산하 교육연구와 혁신센터는 학교교육의 미래상을 세 가지 형태, 여섯 개의 시나리오로 제시한 바 있다(OECD, 2001).

---

78 사람이 개인 또는 나라의 구성원으로서 마땅히 누리고 행사하는 기본적인 자유와 권리를 말한다. 인권의 성질은 다음과 같다. 인권은 ①모든 사람이 누려야 하는 권리라는 점에서 보편성을 지니고 있고, ②사람으로서 태어난 사람은 본디부터 가지고 있는 권리라고 하는 점에서 고유성을 지니고 있으며, ③사람이 일시적으로 누리는 권리가 아니라 항구적으로 누리는 권리라는 점에서 항구성이 있으며, ④정부 권력 등 외부의 침해를 당하지 아니한다는 뜻에서 불가침성이 있다.

OECD 학교교육의 미래상

대분류		중분류
I	현 체제 유지	I-1 견고한 관료제적 학교 체제
		I-2 시장 원리 적용 모델 확대
II	학교 재편	II-1 사회 핵심 교육센터로서 학교
		II-2 초점화된 학습 조직으로서 학교
III	탈학교	III-1 학습자 네트워크와 네트워크 사회
		III-2 교사의 탈출, 학교 붕괴

출처 : OECD(2001: 79). What schools for the Future. 김인엽 외(2019) 재인용.

보고서에서 미래학교는 ①근대 학교교육 유지 형태, ②개인중심·자유
경쟁 강조 형태, ③시민 공동체 중심·공공성 강조 형태 등 세 가지 방향
으로 진행될 것으로 예측했다. 4차 산업혁명으로 촉발된 미래학교의 교
육 형태별 특징을 제시하면 다음 표와 같다.

미래학교교육의 형태

구분	Type 1 근대 학교교육 유지 형태	Type 2 개인중심·자유경쟁 강조 형태	Type 3 시민 공동체 중심 ·공공성 강조 형태
특징	• 관료화된 학교 틀 유지 • 혁신적인 변화보다 완만한 점진적 개선	• 사회적 효율성 추구 및 자유경쟁 원리 적용을 통해 학교교육 전면 혁신 추구	• 분권적 공공성 실현을 위한 시민 공동체 주도의 학교교육 혁신 추구
학생	• 미성숙한 존재로 타율적 관리 대상 • 교육과정 개발 시 참여 미흡 • 근면 성실한 수동적인 지적 수월성 추구	• 창의성 등 실행 역량 갖춘 개인 • 학생 자기주체성 강조 • 자신의 적성과 진로에 맞는 맞춤형 교육과정 설계자 • 학습의 선택과 책임의 주체 • 능동적 창의성 추구	• 사회적 대화 참여자 • 공동체의 선에 기여하는 책임 있는 시민 • 사회적 참여를 기본으로 공공성, 창의성 추구

교사	• 공교육 제도권에서 지식교육 권위자 • 학생 학업성취도 평가자 및 성적 관리자	• 학생 중심 학습을 위한 촉진자	• 앎의 과정과 실천을 이끌어내는 인격과 지혜를 갖춘 전문가
학교	• 독점적 정규 학습 기관으로 연계성 없는 고립된 형태의 기관 • 위계적·선형적 구조를 기본 속성으로 하는 관료적 학습 조직	• 핵심 교육기관의 구심점 약화 • 탈관료적·유동적·수평적 구조로 학습 네트워크 중 하나의 교육기관	• 유연하고 수평적인 개방 사회의 학습 센터 • 연계성과 통합성을 기본으로 하는 학습 생태계의 핵심 기관: 관계를 통한 앎을 지향하는 개인 맞춤형 배움터
교육과정	• 학문 중심, 교과 중심 교육과정	• 교과 지식 습득, 이론 지식을 넘어 수행 능력 강조 • 분과를 넘어 융합적 설계 방식으로 전환	• 수행 능력을 넘어 참여와 실천을 기본으로 하는 자질과 성향 강조 • 사회적 대화를 통한 실천적 역량 강조
제도·인프라	• 기존 체제 유지 분절적 도입	• 효율성, 경쟁력 강화를 위한 개방적 수용으로 네트워크 강화	• 공동체 가치 지향적 수용 매체로서 네트워크 강화

출처: 류방란 외(2018: 200). 제4차 산업혁명 시대의 교육
: 학교의 미래. 재구성. 김인엽 외(2019) 재인용.

상기에서 보는 바와 같이 학교와 교사는 사회 변화에 따라 그 역할 변화를 강하게 요구받고 있다. 세 가지 형태 중 Type 1의 근대 학교 체제를 유지할 가능성은 점점 희박해지고 있다. 근래 기존 교육과정을 탈피한 많은 대안학교의 등장이나 미네르바스쿨 같은 온라인 기반 대학의 등장에서 미래를 예견할 수 있다. 합계출산율 0.6명대 진입을 목전에 둔 현실 앞에 교사가 주장하는 '교육은 교사의 몫이나 돌봄은 교사의 몫이 아니다.' 라는 논리는 많은 국민을 설득하기 다소 어려울 것이다. 학생과 학부모의 입장에서 보면 교육과 돌봄을 구분하기 어렵기 때문이다. 만약 돌봄에 학교교육과 같이 안정적인 교육과정과 교육 프로그램을 투입한다면 돌봄은 더 이상 돌봄이 아닌 교육이 될 소지가 다분하다. 특히 서양의 교육학자들, 예컨대 루소, 페스탈로치 등은 아동의 자연 교육이나 노

작 교육 등의 중요성을 강조한 바 있다. 기존의 학교교육 형태를 탈피하고 돌봄과 놀이 중심의 교육을 학교에서 담당한다고 해도 교육적 가치는 충분히 내재해 있는 것이다. 또한 학교의 돌봄전담사와 일반공무원 등 교육 실행 주체 간의 역할과 업무 갈등 모습은 국민을 실망하게 만들고 있다. 지금과 같은 초저출산 위기 해법 모색은 모든 구성원이 자신의 이해관계를 버리고 하나가 되어 함께 노력해야만 가능하기 때문이다.

(3) 법령과 제도 미흡

현행 교육 관련 법령인 「교육기본법」, 「초·중등교육법」, 「초·중등교육법 시행령」, 「평생교육법」, 「학점인정에 관한 법률」 등과 2022 개정 교육과정 속에 원격교육[79]의 개념은 존재한다. 하지만 시대 변화에 맞는 개념의 정의, 이를 위한 적절한 수업 방법, 평가, 지원 등에 관한 내용, 자격의 인정, 학교 밖 학습 경험의 인정 등에 관한 내용은 충분히 담고 있지 않다. 코로나19 동안 개학 연기, 온라인수업, 등교수업 등의 과정에 학사일정 번복과 혼란은 지속되어 왔다. 코로나19가 안정된 현시점에서 포스트코로나 시대에 맞는 온라인 교육과 지역사회 평생교육기관과의 연계는 필수적임에도 불구하고 수반되어야 할 법령 개정의 추진과 교육과정 개정이 후순위로 밀려 교육 현장의 불만이 지속되고 있다.

또한 코로나19 이전과 같이 대면 교육을 통해 그동안 야기된 교육 불평등과 교육격차를 해소할 수 있다는 교육 당국자의 근거 없는 믿음에 큰 아쉬움이 있다. 3년간 쌓아 온 학교 현장의 온라인 교육체제를 무시

---

79   텔레비전이나 통신 회선 따위를 이용하여 멀리 떨어져 있는 학생을 지도하는 교육.

하고, 대면 교육과 온라인 교육의 병행적 성장이 아닌 대면 교육 일변도로 회귀하는 모습은 향후 코로나19와 같은 유사 전염병이 도래할 때 더 큰 교육적·사회적 혼란을 초래할 가능성이 높다.

3. 초저출산 시대, 우리 교육의 전환 방향

이제 초저출산 시대를 대비하고 이를 해소하기 위한 미래 교육정책 개선 방향을 제시하고자 한다.

(1) 교육 가치 혼란의 해소

신자유주의 기반의 5·31 교육개혁은 기본적으로 경쟁을 토대로 하는 교육 가치이다. 코로나19를 거치는 통한 경제적 우위에 있는 사람이 그렇지 못한 사람보다 훨씬 더 많은 교육적 기회를 가질 수 있음을 확인했다. 더 이상 누구에게나 동등한 교육 기회를 보장한다는 논리는 성립하기 힘들다. 그런 논리를 계속 주장하니 많은 젊은 세대가 결혼과 출산을 포기하기에 이르렀다. 그들은 자신이 처한 현재보다 미래 세대가 직면할 더 큰 위기를 보았고, 희망을 찾기 어렵다는 결론을 내린 것이다.

이제 1970년대처럼 태어나는 아이들이 100만 명인 시대는 완전히 지나갔다. 고도 성장기 개인 간의 경쟁을 기반으로 한 사회 성장 모델은 더 이상 어디에도 적용될 수 없다. 이제 더 늦추지 말고 과감하게 경쟁 기반의 교육 가치를 철폐해야 한다. 신자유주의 5·31 교육개혁은 수정·보완이 아닌 폐지만이 답이다. 능력과 경쟁에 따른 교육 기회의 배분이 아닌 능력이 다소 부족하더라도 적정한 교육 기회를 균등하게 배분하고, 경쟁으로 정당화되는 방식이 아닌 협력과 소통의 인성과 자질을 우선으로 하는 교육 가치를 정립해 나가야 한다.

(2) 교육격차 완화

교육격차 완화는 교육 가치 혼란의 해소와 연결되는 지점이다. 오랜 시간 동안 우리 교육의 현안으로 교육격차 문제가 제기되어 왔다. 소득과 지역에 따라 교육격차가 크다 보니 서울, 인천, 경기 등 수도권 대도시 과밀 현상과 학군의 형성 및 과도한 사교육 문제가 끊이지 않고 등장했다. 이는 가정의 소득격차, 지역 격차, 낙후 지역의 위기와도 관련된다. 코로나19의 위기 상황을 상기해 볼 때 당시 일부 학생들은 온라인 학습을 할 수 있는 디지털 기기조차 갖고 있지 않았으며, 이를 안내하고 지도하는 과정에서 정보 격차도 발생했다.

초저출산을 해소하기 위한 기본 전제는 지나친 사교육에 의존하고 있는 우리 교육을 사교육으로부터 완전히 독립시켜 교육격차를 완화하는 것이다. 또한 수도권이 아닌 지역 기반의 튼튼한 공교육체제를 수립해서 수도권으로의 밀집을 막아야 한다. 이를 위해 사교육 독립 선포와 같은 범국민 캠페인이 필요하고, 지역에 상관없이 양질의 교육을 누릴 수 있는 온라인 교육체제도 마련해야 한다.

(3) 교사의 미디어 역량 제고

교사는 코로나19와 같은 유사 상황이 언제든 도래할 수 있다는 위기의식 속에서 멈추지 않고 온라인 교육의 보편화에 대응하는 교육 콘텐츠 개발 역량, 미디어 활용 역량의 제고가 필요하다. 향후 우리 교육의 질은 오프라인 수업의 질은 물론 온라인 교육의 콘텐츠에 의해 결정될 것은 분명하다. 특히 수도권으로의 인구 쏠림 현상은 초저출산을 일으키는 직접적인 원인이 되는 만큼 지역 기반의 안정적인 공교육체제를 구축하기 위해서 온라인 교육 강화는 필수 불가결한 요소이다.

하지만 지난 코로나19 상황에서 대다수의 교육 콘텐츠는 교사가 직접 제작하기보다는 기존의 EBS 콘텐츠에 의존하고 연계하는 수준에 그쳤다. 따라서 교사의 온라인 콘텐츠 개발 역량은 교육의 질을 좌우할 만큼 중요해졌다. 우선 교대와 사범대 등 교사 양성 단계와 교원 연수 단계에서 미디어 활용 교육과정 도입이 시급하다.

(4) 교육 지원 체제 개편

교육체제 개편의 핵심은 교육행정 체제 개편에 있다. 초저출산 시대 늘봄학교 도입을 교사 등 학교 구성원이 반대하는 이유를 진지하게 성찰할 필요가 있다. 단순히 교사의 업무가 가중되기 때문에 반대하는 것은 아닐 것이다.

초저출산 시대를 대비하는 우리 교육의 방향성을 논하기 위해 아동의 인권 보장과 함께 교사의 노동환경에 대한 고려도 필요하다. 왜 교사의 노동환경에 대한 우려를 제기하는 것일까? 그것은 모든 교육 기획을 교사가 전담하여 실행하는 현 교육 구조에서는 자연스럽게 아동에 대한 관심 및 상담의 소홀로 이어질 수 있기 때문이다. 교육혁신을 이야기할 때 교사 혁신만을 이야기하고 교육행정 혁신은 늘 제외됐다. 또한 교사의 일정 인원은 수업 없이 교육과정 편성과 기획에 전담할 수 있도록 교무학사전담교사제 시행 같은 교육정책 실행이 필요하다. 이를 통해 초저출산에 대응하는 늘봄학교와 같은 프로그램을 학교에 점진적으로 증가시켜야 한다. 학부모에게 학교는 지역에 상관없이 가장 든든하고 믿을 만한 교육기관이기 때문이다.

(5) 포용적 평생학습체제 추진

초저출산 시대의 원인으로 지목되고 있는 경제적 위기 및 교육비 부담 해소를 위해 교육의 화학적 통합이 요구된다. 즉 포용적 평생학습체제와의 결합을 추구해야 한다. 평생학습체제 관련 제도에는 대표적으로 학점은행제,[80] 평생학습계좌제,[81] K-MOOC, KQF(Korea Qualification Framework)[82] 등이 있다. 이들 제도가 고교 졸업생만을 위한 제도가 아닌 학교교육과 연동될 수 있도록 전반적인 제도 개선을 추구해야 한다.

학교의 학습 경험만이 유의미한 교육 경험이라고 할 수 없다. 평생학습체제 내에서 다양한 학교 밖 학습 경험이 학생들에게 더욱 유익할 수 있음을 인정해야 한다. 또한 자기주도학습을 통해 취득한 국가자격도 단순히 자격으로만 인정하지 말고 유사한 교육과정의 이수로 인정하는 노력이 필요하다. 이를 위해 공교육의 교육과정 안에 안착시킬 수 있는

---

80 학교에서뿐만 아니라 학교 밖에서 이루어지는 다양한 형태의 학습 경험 및 자격을 학점으로 인정하고, 학점이 누적되어 일정 기준을 충족시키면 대학 졸업장을 받을 수 있는 제도.

81 개인의 다양한 학습 경험을 종합적으로 집중하여 관리하는 제도로 「평생교육법」 제23조에 "국가는 국민의 평생교육을 촉진하고 인적자원의 개발 관리를 위하여 학습 계좌를 도입·운영할 수 있도록 노력하여야 한다."라고 규정함에 따라 현재 국가평생교육진흥원이 운영하고 있다. 이 제도를 통해 체계적인 학습 설계를 상담 지원할 수 있고, 학습 계좌에 등록된 학습 결과는 학력이나 자격 인정과 연계하거나 고용 정보로 활용할 수 있다.

82 국가직무능력표준(NCS, National Competence Standard)을 바탕으로 학력, 자격, 현장 경력 및 교육훈련 이수 결과 등이 상호 연계될 수 있도록 한 국가 차원의 수준 체계를 말한다.

법제 개편, 교육과정 개편 등의 방안 마련이 시급하다. 특히 누구나 소외됨 없이 교육에 참여할 수 있는 포용성과 교육적 성장이 수반되는 혁신성을 고려해야 할 것이다.

아울러 삶의 질과 직접 연관이 있는 교육 영역뿐만 아니라, 고용(직업)과 보건·복지 영역까지 연계될 수 있는 통합이 요구된다. 이것이 바로 포용적 평생학습체제 수립이다. 4차 산업혁명 시대, 변화의 속도가 너무나 빠르고 더 이상 학교교육만으로는 시대가 요구하는 충분한 교육을 받을 수 없다. 초저출산을 해소하기 위한 미래 교육의 방향성을 논함에 있어 포용적 평생학습체제를 언급해야 하는 이유가 여기에 있다.

4. 새로운 미래 교육을 꿈꾸며

합계출산율 0.6명대 진입을 목전에 둔 지금, 초저출산 시대를 조금이라도 탈피하기 위해서 우리 교육은 반드시 변화해야 한다. 이는 우리 시대가 요구하는 사명이다. 그 혁신의 방향은 교육공동체 구성원 간의 이해관계와 갈등 해소가 아닌, 아동의 성장과 미래 삶의 질 향상이라는 본질적 가치만을 바라보고 진행되어야 한다.

그동안 우리 교육은 아동의 다양한 소질과 적성을 고려한 다양한 맞춤형 교육보다는 획일적인 교육과정에 기반을 두고 대학 진학을 위한 입시 경쟁 교육에 몰두해 왔다. 이는 신자유주의 기반 경쟁 교육의 부작용이다. 예컨대, 성적이 우수한 학생이 자기 진로의 다양성을 고려하지 않고 치열한 경쟁과 사교육을 바탕으로 고연봉을 받을 수 있는 의대에 진학하는 현상은 경쟁 기반 교육이 초래한 현상이다.

부와 교육의 세습은 이미 우리 사회를 완전히 뒤덮고 있다. 우리 사회의 금수저, 은수저, 흙수저 논란은 논란에 그치지 않고 개인의 미래를 결정짓는 핵심 요소가 되어 버린 것이다. 지난 3년간 코로나19의 확산 속에도 더 많은 지원이 필요한 특수학교의 장애 아동이나 초등 저학년 아동의 등교수업보다 고3 학생의 등교수업을 우선 고려한 상황이 우리 교육의 우울한 현실을 바로 보여 주고 있다. 이것이 결국 초저출산 문제를 야기하고, 대다수 국민이 미래 세대의 암흑과 절망을 본 근본 이유라고 생각한다. 초저출산 시대의 미래 교육을 대비하기 위해 교육 가치 혼돈의 해소, 교사 교육 역량 제고, 교육 지원 체제 개편, 포용적 평생학습체제와의 연계를 위한 사회적 공감과 합의의 노력이 요구된다. 시대가 요구하는 교육 가치와 방향을 외면 한 채, 모든 문제점을 기존의 학교 틀 안에서 해결하고 실행하려 해서는 안 될 것이다. 초저출산 문제는 아이들의 밝은 미래와 행복한 삶을 보장해야 한다는 기본 인본주의적 철학으로 돌아가 해결해야 할 것이다. 우리 사회가 직면한 초저출산 문제의 출발점이 단지 경제적 문제에 국한된 것이 아니라, 아동의 교육격차에 있음을 인정하는 자세가 필요하다. 교육의 출발점이 누구에게나 동등하고, 교육 기회에서 소외당하는 아동이 단 한 사람도 존재하지 않도록 새로운 미래 교육을 설계해야 한다. 이런 우리 모두의 노력은 충분하지 않지만, 초저출산의 늪에서 우리를 조금씩 회생시킬 수 있을 거라 믿는다.

학생과 교사가 말하는
교육자치를 위한 교육정책

서용선

1. 교육자치를 위한 교육정책, 어디쯤 왔을까

(1) 구글이 말하는 교육자치, 교육정책

구글에 '교육자치'와 '교육정책'을 검색하면 다음과 같이 나온다. '교육자치란 지역의 현장 구성원들이 교육의 주체가 되어 스스로 문제를 진단하고 해결하는 제도', '교육정책이란 국가와 지방자치단체가 교육에 관하여 공적으로 제시하는 기본 방침'. 이들의 키워드는 지역, 현장, 주체, 공적, 방침 등이다. 하지만 여기서 놓치지 말아야 단어는 사실 '교육'이다. 교육에서 가장 중요한 것은 아동 및 청소년을 포함한 학생들이기에 학생들이 사는 '지역', 학생들이 있는 '현장', 학생이라는 '주체', 공적인 존재인 '학생', 학생을 위한 '방침' 등을 놓치지 말아야 한다.

사실 '교육'과 '자치', '교육'과 '정책' 사이에 수많은 수식어가 들어올 수 있다. 그 가운데 '교육을 위한 자치'나 '교육을 위한 정책'이 교육현장에서 가장 많이 회자되는 말이다. 그런데 교육자치와 교육정책을 이어가려면 훨씬 더 많은 이야기가 있어야 한다. 여기서는 '교육자치를 위한 교육정책'에 주안점을 두고 살펴보고자 한다.

(2) 렌즈의 키워드, 교육의 자주성

1991년 3월 8일, 「지방교육자치에 관한 법률」이 공포되면서 본격적인 교육자치 시대가 열렸다. 올해로 벌써 34년이 지났다. 하지만 거슬러 올라가면 1988년도 「교육법」 개정으로 지방자치에 대비한 교육자치 개념이 포함되었고, 더 거슬러 가면 1949년 「교육법」 제정과 동시에 시작되었다. 여기에 이미 군 단위로 교육구를 두고, 교육의 자주성 확립을 위해 '구·시·도교육위원회'와 '중앙교육위원회'라는 심의기관을 설립하도록 했다. 여기서 눈에 띄는 단어는 '교육의 자주성'이다. 교육자치와 교육정책의 핵심이자 철학이자 헌법 정신으로 교육의 자주성이 언급되었다.

교육의 자주성은 다양하게 해석된다. '교육에 대한 외부세력의 부당한 개입의 배제', '교육기관 구성원에 의한 자주적 경영', '교육의 본질 실현', '교육기관의 자주성', '교육 내용의 자주성', '교원의 자주성', '학생의 권익과 복리 증진 및 사회윤리' 등이 그것이다. 사실 요즘 쓰는 말로 교육의 자주성을 '거버넌스'라고도 말하지만, '교육할 자유'로 쉽게 이해될 수도 있다.

문제는 '누가 자주적이어야 하는가', '누가 교육의 자주성을 확보해야 하는가'일 것이다. 당연히 그 답은 교육 주체인 학생, 학부모, 교사이다. 학교, 교육청, 교육부는 기관이지 주체라고 보기에는 어렵다. 이들이 교육자치를 통한, 교육자치를 위한 교육정책 속에서 어떻게 생각하고 어떻게 활동하는지, 그리고 어떻게 성장해 왔는지를 살피는 일은 교육 제1의 임무일 것이다. 여기서는 교육의 자주성 관점에서 이들의 목소리를 교육자치와 교육정책의 렌즈로 살펴보고자 한다.

(3) 교육자치는 분권, 거버넌스, 교육감?

흔히 교육자치를 말할 때 분권이나 거버넌스와 연결 짓고, 교육감의 지위와 역할을 말한다. 권한을 나누고, 함께 통치하며, 장관에서 교육감으로 그 힘이 전해지면서 교육자치하면 '지방교육자치'라는 말을 쓰는 것이 당연하게 여겨져 왔다. 여기에서의 교육자치는 교육부에서 교육청 수준으로 내려오는 것으로 보인다. 시간상으로 보면 2009년 민선 교육감 시대가 열리고 벌써 4기에 이르고 있다. 교육청은 교육부로부터 자치의 권한과 의무를 제대로 이어받았고, 교육청은 학교와 교사에게 자치의 권한과 의무를 제대로 전해 주었을까?

학교를 생각하면 '학교자치'는 물론 '학부모자치'나 '학생자치'가 있고, '교사자치', '교육과정자치', '수업자치', '교실자치'도 성립되는 말이다. 무엇보다 '교육=자치' 개념을 생각하면 교육 주체로 직접 수업하고 교육과정을 짜는 교사의 자치가 중요해진다. 반대로 중요하게 짚고 넘어가야 할 부분은 중앙정부 내에서의 교육자치이다. 국가 예산과 인력에서 어느 정도를 차지하느냐를 넘어 교육부와 국가교육위원회가 대한민국 교육자치라는 거울로 보았을 때, 국가 수준에서 교육의 비중이 어떻게 다가가 있는지도 중요한 부분이다.

(4) 교육자치를 위한 교육정책

교육자치는 사실 교육정책으로 대변된다. 하향식(top-down)식 교육정책이 익숙한 우리나라 교육 풍토에서 교육자치는 살아날 여건이 어려웠던 것이 사실이다. 교육자치를 살리기 위해서는 상향식(bottom-up)식 교육정책 구사가 중요하다. 그래야 교육자치를 위한 교육정책의 경로가 다양해질 수 있다. 교육정책 자체도 중층적인 영역의 자치적 성격이 확보되어야 다양하고 지속가능한 정책의 힘을 갖는다. 교육정책의 형성-집행-평가의 방향이 선순환된다면 교육자치도 더욱 탄탄해질 수 있다.

2. 학생들이 말하는 교육자치를 위하는 교육정책

(1) 교육정책 인식 조사에서 드러난 것들

2023년에 한국교육개발원·교육정책네트워크에서는 〈2023 교육정책 인식 조사〉 보고서를 냈다. 이 보고서는 2022년과 2023년이라는 가장 최근 시기에 초·중·고 학생 13,863명(초 5-6, 중 1-3, 고 1-2)을 대상으로 하고 있다는 점에서 의미가 크다. 학교급, 성적, 지역 안배도 적절히 이뤄진 설문조사이다.

비율별 설문조사 현황

학교급		성적		학생			
				중학생		고등학생	
초	20.1%	상	25.3%	특별·광역	53.4%	특별·광역	51.0%
중	50.6%	중	62.8%	도	46.6%	도	49.0%
고	29.3%	하	11.9%	출처 : 이쌍철, 정은하(2023)			

'개인과 사회에 대한 인식'과는 별개로 '학교 및 교육에 대한 인식' 조사 결과는 교육자치와 교육정책에 대해 우리에게 던지는 시사점이 크다. 특히, 교육자치와 교육정책이 어떤 방향으로 나아가야 하는지 보여주는 양질의 참고 자료가 될 수 있다.

(2) 학교생활과 교사 존중 관련

학생들에게 학교생활과 교사와의 관계는 교육 본질에서도 교육자치와 정책에서도 너무 중요한 지표이다. 비관적인 의견이 많은 상태에서도 다행히 학교생활 만족도는 긍정 85%가 넘었고, 교사에 대한 존중도 89%에 육박했다. 하지만 15%가 학교생활에 만족하지 못하는 이유와 교사를 존중하지 않는 10%의 이유를 적극 찾아야 하는 지점도 확인할 수 있다. 이 분야에서 교육자치와 교육정책이 무난한 추진을 해 왔다고도 볼 수 있지만, 진짜 그 효과인지도 더 살펴볼 대목이다.

학교생활 만족과 교사 존중에 대한 설문조사 결과

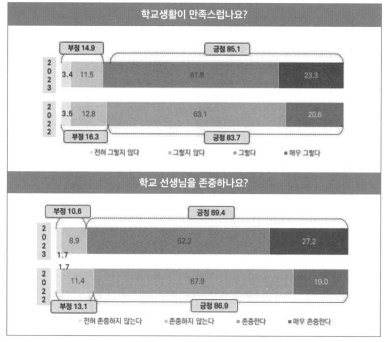

출처: 이쌍철, 정은하(2023). p.78, 80.

(3) 다니고 싶은 학교 관련

'다니고 싶은 학교'에 대한 설문에서는 특기 적성을 키워 주는 학교, 체험을 다양하게 하는 학교, 스스로 공부할 능력을 키우는 학교가 1위에서 3위로 나타났다. 반대로 인성이나 창의성을 키우는 학교, 학교운영에 학생 의견을 반영하는 학교 등은 낮은 순위였다. 특이한 점은 '시험 성적을 높여 주는 학교'가 2022년 11%대에서 28%대로 대폭 상승한 점이다. 시험 성적에 대한 급격한 변화 이유와 교육자치와 정책의 방향에 던지는 메시지를 눈여겨볼 필요가 있어 보인다.

다니고 싶은 학교에 대한 설문조사 결과

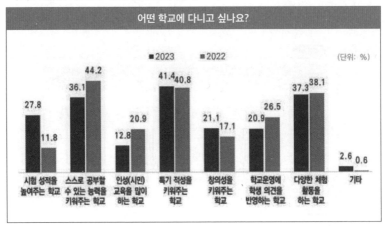

출처 : 이쌍철, 정은하(2023). p.82

(4) 학습 방법과 내용 관련

교육활동의 핵심으로 볼 수 있는 학습 방법과 내용의 권한을 누가 가졌느냐에 대해서는 황금분할을 보였다. 학교와 국가(교육부·교육청)가 상당히 중요하지만, 부모의 역할은 물론 결국 나 자신이 중요하다는 점을 보여 준다. 교육자치와 교육정책은 '나 자신'이 학습 내용과 방법을 더 많이 결정하고 책임지고 지원해야 하는 흐름이어야 함을 살펴볼 수 있다. 교육부와 교육청의 구분이 안 된 점은 아쉬운 점이나 학생들 입장에서는 이 구분이 크게 중요하지 않을 수 있다.

학습 내용과 방법의 권한에 대한 설문조사 결과

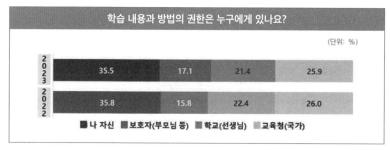

출처 : 이쌍철, 정은하(2023). p.84

(5) 삶의 지식·정보와 학원 다니기 관련

'교육이 삶 그 자체'라는 듀이(John Dewey)의 말에서 알 수 있듯이, 삶
의 지식과 정보를 어디서 획득하느냐는 교육자치와 교육정책 판단에 매
우 중요하다. 이 설문조사 결과는 우리나라 교육자치와 교육정책에 큰
경고를 보내고 있다고 해석된다. 삶에 필요한 지식과 정보를 학교 30%,
학원 18%, 디지털 25%, 기타(부모, 친구) 27%로 나눠진 결과이고, 학원에
다니는 비중은 73%에 육박한다. 전통적인 학교교육이 차지하는 비중이
1/3도 안 되는 현실이다. 그럼에도 디지털과 그 외의 상황에 대해선 무엇
을 어떻게 해야 하는지 그 속을 모르거나 방치하는 블랙박스에 들어 있
다고 해도 과언이 아니다.

삶의 지식·정보와 학원 다니기에 대한 설문조사 결과

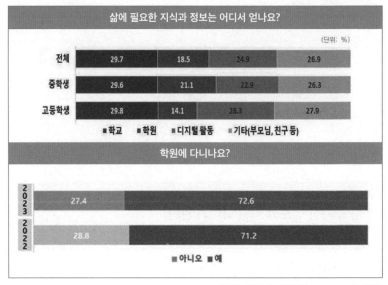

출처 : 이쌍철, 정은하(2023). p.97, 103

3. 교사(출신)들이 말하는 교육자치를 위하는 교육정책

(1) 처음 시도된 교육정책 워킹그룹

교육 전문가인 교사는 교육자치와 교육정책에 훨씬 민감한 주체이자 대상이고, 냉정한 판단과 뜨거운 실천을 하는 존재이다. 이들이 '워킹그룹'을 만들어 교육자치와 교육정책에 대해 제시한 보고서가 있다. 2019년에 교육부를 통해 경기도교육청과 경기도교육연구원이 실행한 〈워킹그룹을 통한 정책 형성 방안〉이다.

이들은 교육부에서 처음으로 시도된 워킹그룹으로 지금까지 국방부를 제외하고는 처음이었다. 여기서는 교사(출신) 포함 워킹그룹이 구축되어 자치형으로 교육정책에 대해, 현장형으로 메타 수준의 형태로 논의했다. 그 가운데 전국 17개 시도의 5,549명의 교사 출신자(교사, 교장(감), 전문직)와 일반행정직원, 학부모를 포함한 설문조사와 24명의 FGI(Focus Group Interview)가 동시에 실시되었다. 그 내용을 몇 가지로 추려서 살펴보자.

(2) 교육정책 형성에 반영해야 할 가치

이 부분에 가장 많이 언급된 가치는 민주성(95.29%), 학습과 성장(94.66%), 공공성(95.18%)이었다. 교육정책의 핵심으로 이 세 가지가 도출된 것인데, 이는 교육자치를 위해서도 중요한 흐름으로 보여진다. 세 가지 가치가 왜 중요한지 아래 FGI 내용을 살펴보자.

교육 분야에 대한 정책에 대한 신뢰성, 그렇게 신뢰를 바탕으로 하는 민주성인 거죠. 그 부분이 없으면, 믿고 같이 가야 하는데, 어느 한쪽에서 뭐 이쪽으로 따르라 한다고 지금 따를 수 있는 것도 아니고, 그러면 이제 일단 신뢰나 이런 래포 형성 과정이 좀 충분히 이루어진 다음에 정책이 수립돼야 하는데, 그 과정에서 보면 이제 서로서로 의견을 수렴하는 과정, 청취할 수 있고 의견을 내가 얘기할 수 있는 소통 구조의 민주성이 좀 중요하지 않을까.

심층 면담(2019.10.15), 이○○ 교육청 장학사

이제 참여성, 즉 실질적으로 이해관계자들이 상향식으로 정책이 만들어질 수 있게 폭넓은 참여를 보장해야 합니다. 이게 이제 가장 중요하다고 생각이 듭니다. 시대가 굉장히 급변하고 있지만, 이제 교육정책은 어느 정도 지속가능성이라는 걸 담보해야 한다고 생각합니다. 왜냐하면 안정적인 정책 속에서 교육이 추구하는 가치들을 실현해 갈 수 있거든요. 그것이 막 변동되면, 추구하고자 하는 가치가 굉장히 혼란스러워질 수 있어서 충돌되는 지점도 많습니다. 그래서 다시 한번 정리하면 엘리트 민주주의가 아니라 참여민주주의 형태의 민주성, 그다음에 지속가능성, 뭐 이런 것들이 중시되어야 할 가치라고 저는 생각을 하고 있습니다.

심층 면담(2019.10.15), 김○○ 연구원 연구위원

(3) 교육정책 참여와 소통의 방식

교육자치를 위한 교육정책이 잘 만들어진다는 것은 어떤 방법으로 가능할까? 설문조사 결과는 교육 관련 각종 단체(31%)와 학교 현장 실무자들(부장, 교감 등 23%)을 통해서이다. 이들이 교육의 본질이나 교육자치에 위배되거나 반대한다면 일단 교육정책은 멈춰 서서 성찰해야 한다. 전문가, 정책가, 교육청도 10%로 중요하다고 나온 점도 양자가 결합되는 지점에 교육정책이 꽃필 수 있음을 알 수 있다.

교육정책 형성의 참여와 소통 방식에 대한 설문조사 결과

문항	응답자 수(명)	비율(%)	순위
1. 전문 연구기관 중심의 정책 연구	1,202	9.8	4
2. 각종 단체의 의견 수렴(교원, 학부모, 시민단체 등)	3,848	31.5	1
3. 정책 담당자 및 전문가 협의회	1,165	9.5	5
4. 현장 실무 담당자(부장, 교감 등) 협의회	2,837	23.2	2
5. 시도 교육청 의견 수렴 및 전국시도교육감협의회	999	8.2	6
6. 국회 및 정당의 의견 수렴	133	1.1	9
7. 각종 언론을 통해 보도된 여론 반영	522	4.3	7
8. 지역별, 대상별 대토론회 및 포럼 개최	1,338	11.0	3
9. 기타	167	1.4	8
총계	12,211	100.0	

출처 : 홍섭근 외(2019). p.66

FGI에서 이를 지적한 교육전문직 장학사의 말은 섬뜩하기도 하고 새겨볼 만한 말이다. "참여 속에 개발되고 힘이 커 가야 하는데, 그렇지 않으면 자치는 붕괴된다."는 말이 크게 와 닿는다.

정책이라고 하는 것이 시민의 눈높이에서 봤을 때는 그 이해도가 상당히 떨어지거든요. 근데 따라서 공론, 참여민주주의 등이 매우 중요해요. 자치라고 하는 것은 기본적으로 참여라고 하는 걸 전제로 해요. 참여 속에서 역량 개발이 되는 거거든요. 역량 개발이 되지 않으면 이제 자치는 붕괴되거나 소멸해 버릴 수 있어요.

심층 면담(2019.10.15), 이○○ 교육청 장학사

(4) 교육정책 형성의 구현 주체

교육정책이 차가운 것이라면 이를 교육으로 학생들과 뜨겁게 나눌 단위는 현장에 가까울 것이다. 이를 가능케 하는 구현 주체에 대해 설문조사 결과는 '단위 학교'(25%)와 '자생적 모임(학교 간, 학교 밖 21%)'을 지목했다. 아무리 좋은 교육정책이라고 해도 학교와 자생적 모임에서 외면받아서는 안 된다는 냉정한 판단이다. 이를 조금 더 깊게 보면, 학교 안에는 학생과 교사가 있고, 학부모가 '상시적 간헐성'이라는 특징으로 연결되어 있다. 그리고 자생적 모임은 교사들이 주도하고 있고, 학교 안과 밖에 걸쳐 있다. 이걸 끝으로 생각하면 오산이다. 학생과 학부모의 학교 안에서의 목소리와 활동은 물론 자생적 모임을 활성화하는 것도 교육자치 차원에서 중요한 대목이다.

교육정책 형성의 구현 주체에 대한 설문조사 결과

문항	응답자 수(명)	비율(%)	순위
1. 자생적 모임 중심(학교 간, 학교 밖 등)	2,089	21.3	2
2. 단위 학교 중심	2,463	25.1	1
3. 지역 교육지원청	1,476	15.0	3
4. 시도 교육청	1,148	11.7	5
5. 교원 단체	1,364	13.9	4

6. 시민단체	656	6.7	6
7. 국가수준의 조직(교육부 등 중앙부처)	628	6.4	7
총계	9,824	100.0	

출처 : 홍섭근 외(2019). p.71

이 설문과 연결된 FGI 결과는 다음과 같다. 교육자치와 교육정책에서 교육 주체가 중요하지만 결국 꽃피는 지점은 '학교문화'임을 정확히 지적하고 있다. 사실상 학교문화로 결합되고 열매가 맺어지지 않은 수많은 자치와 정책은 흔적도 없이 사라졌던 경험과 사례가 학교와 교육 주체의 마음속에 있지 않을까 생각해 본다.

> (워킹그룹의 성격 관련) 학교문화를 이해해야 된다고 생각합니다. 정책 입안자들이 어떤 정책을 입안하고 계획했을 때 이런 것들이 학교문화에서는 어떻게 녹여지고, 어떻게 적용되고, 어떻게 실천해야 할지를 가까이서 연구해야 한다고 생각합니다.

심층 면담(2019.10.15), 이○○ 고등학교 교사

4. 우리는 어디에 서 있어야 할까

나무는 뿌리와 줄기가 따로 있지 않다. 잎과 꽃과 열매는 함께하면서 결국 숲을 이룬다. 학생들의 사회적 성장을 바라는 교육자치와 교육정책의 출발점은 이들과 학교에서 함께하는 교사일 수밖에 없다. 어디에 서 있든 함께 나무과 숲을 만드는 일에 나서자.

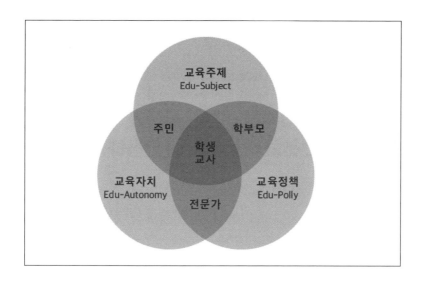

디지털 대전환 시대와
변하지 않는 학교에 답하다

금나래

1. 디지털 혁명 속 학교의 현실 : 변화와 역행의 기로에서

코로나19 이후의 학교 현장은 디지털 대전환을 이루고 메타버스
(Metaverse), 인공지능, 사물인터넷 등 4차 산업혁명을 대표하는 기술들로
교육 현장에서 학생 맞춤형 교육을 실현하는, 모두가 바라는 장밋빛 디
지털 세상을 보여 주는 듯했다. 하지만 코로나19가 잠잠해지고 아이들
이 학교에 등교하는 순간부터 학교는 언제 그랬냐는 듯 매우 빠른 속도
로 코로나19 이전으로 돌아갔으며, 원격수업을 위해 사 놓았던 마이크
나 카메라는 교실 한켠으로 처박히는 신세가 되었다. 학교 예산의 많은
부분을 차지하던 에듀테크와 연관된 비용은 다시 일반적인 학습 준비물
을 구입하는 비용으로 돌아갔으며, 새로운 교육 공간을 제시할 것처럼
보였던 메타버스도 인공지능에 밀려 소리 소문 없이 퇴장했다. 그 자리
엔 어느새 ChatGPT나 AIDT 등 최신 에듀테크가 대신하고 있다. 학생
들을 위한 맞춤형 수업이나 미래형 평가, 온라인 기반의 과제 제출 및 피

174

드백, 학생 주도형 수업을 가능케 했던 글로벌 기업의 교육용 플랫폼을 넘어 교육부와 각 시도 교육청에서도 LMS(Leaning Management System) 중심의 수업 및 평가 지원 서비스를 '세계 최초'란 홍보 문구와 함께 앞다투어 선보이고 있다.

2. 디지털 대전환과 현재의 학교

(1) 참는 것이 미덕인 학교문화

디지털 기술의 발달로 인해 스마트오피스나 공유 중심의 스마트워크가 일상화되었다. 하지만 스마트워크가 작동하기 어려운 기관이 몇 군데 있다. 공공기관, 교육청, 학교 등이 바로 그곳이다. 그렇다면 이 기관에 스마트워크가 작동하지 않는 이유를 생각해 볼 필요가 있다. 그것은 해당 기관에서 종사하는 사람들의 문제라기보다는 그들의 주요 업무와 문화가 영향을 미친 것이라고 본다.

교사를 포함한 공무원의 가장 고난도 업무는 무엇일까? 불가능해 보이는 미션을 해결하거나 시민 또는 학생들의 원초적인 불편을 개선하는 것이 아니다. 그들의 가장 어렵고 힘든 부분은 악성 민원을 해결하는 것이다. 이 과정에서 스마트워크라는 프로세스는 작동이 멈추고 사람 대 사람으로 하나부터 열까지 전 과정을 담당자나 관련자가 해결해야 한다. 물론 모든 학교나 공공기관이 그렇다는 것은 아니다. 선진적으로 스마트 기술을 활용하여 시민이나 교육공동체 구성원의 문제를 해결하려는 곳도 있지만 대다수의 기관은 스마트워크를 통해 도전적인 과제를 수행하기보다는 최대한 조용하게 민원인의 불만을 해결하길 원한다. 간혹 악성 민원의 경우, 담당자 홀로 민원인의 불만과 모욕을 견디면서 주변 동료들에게 피해를 주지 않도록 티내지 않고 얼른 시간이 지나가길 기다리는 것이 해결 방법이 되었다.

이러한 문화로 인해 주도성과 상상력을 발휘해 굳이 하지 않아도 되는 플러스 알파를 해서 또 다른 문제를 만들기 보다는 어제와 같은 불편한 방식이라도 아무 일 없이 오늘 하루를 무사히 보내는 것이 우리가 소망하는 일상이 아닐까 싶다. 개개인이 불편함을 감내하는 것이 미덕인 문화가 되었다.

또한 민간은 새로운 결과물이나 서비스를 공동의 프로젝트로 기획하고 운영, 평가하는 일련의 협업 과정이 일상화되어 있다. 하지만 학교는 어떤가? 교육과정을 구성하거나 공개수업을 준비할 때, 학년 전체에 전달 사항이 있거나 중요한 결정 사항이 있을 때만 모임을 가져도 학교생활을 하는 데 큰 어려움이 없다. 오히려 공동의 목표나 과업을 위해 잦은 회의를 진행할 때 더욱 피곤함을 느끼곤 한다. 코로나19 이후로 익숙해진 각자도생 문화와 개인주의가 학교에 깊숙이 뿌리내린 데다가, 메신저와 SNS, 교사 전용 웹서비스, ChatGPT 등 새로운 기술의 발전으로 이제는 굳이 만나지 않더라도 스스로 다양한 문제를 해결할 수 있는 환경이 되었다. 협업하지 않더라도 자신에게 주어진 업무와 교실 상황에서 큰 사고만 나지 않으면 교사로서 살아가는 데 크게 무리가 되지 않는 학교문화가 더욱 강해진 것이다.

이렇게 교직원 간의 교류가 줄어든 것도 문제지만 학교의 고질적인 회의 문화 역시 간과할 수 없다. 학교의 회의 모습을 보면 이것은 회의라기보다는 업무 전달에 가깝다. 부서별 중요 사항이나 안내 사항을 업무 담당자가 발표하고 이에 대한 질의응답 방식으로 회의가 진행된다. 최근에는 고도화된 디지털 플랫폼을 활용해 학년이나 부서별로 해당 업무를 전달하고 궁금한 것은 웹페이지 정보나 담당자를 통해 Q&A하는 방식으로 회의의 효율성을 높이고 있다. 이러한 일방적인 전달 방식의 회의 문화는 차치하더라도 중요한 회의, 즉 무언가 공동의 문제가 발생했을 때 학교 구성원은 어떤 방식으로 회의하는지 냉철히 바라볼 필요가 있다. 개인의 이익이나 안위에 해당하는 문제를 제외하고 공동 해결 과제가 있을 때 심도 있는 회의가 필요한데 그때 우리의 모습을 생각해 보면 쉽게 와닿을 듯하다. 담당자가 앞에 나서 문제를 이야기하고 해결 방안을 논의하자고 하면 일부 관련 있는 사람들이나 해당 영역에 대한 지식이 있는 일부만 이야기하고 나머지는 침묵을 지킨다. 이러한 침묵이 미덕이 된 이유는 무엇일까?

　우선, 교사들은 불편한 업무나 상황을 참는 데 익숙하다. 이것은 다른 학교로 전근(이동)갔을 때 명확히 나타난다. 새로운 학교에서 불편하거나 어려운 학년이나 업무를 맡아도 군말 없이 하는 것이 당연한 문화라고 생각하고, 불만이 있어도 겸허히 받아들인다. 간혹 자신의 생각을 드러내기도 하지만 대부분은 괜히 이상한 사람으로 낙인찍히지 않기 위해 자신의 생각은 스스로 접고 현실에 순응한다. 그리고 일 년을 무탈하게 보내길 기원한다. 이렇게 일 년을 견딜 수 있는 이유는 내년에 새로운 사람이 불편한 일이나 학년을 대신할 것이라는 믿음이 있기 때문이다. 결국 가장 어렵고 불편한 업무와 학년은 늘 공석이며, 이러한 상황은 매년 반복되고 있다. 모두 문제라고 인식하지만 바뀌진 않는다. 학교에서 학교폭력 업무나 관심이 많이 필요한 꾸러기 학생들이 소속된 학급, 민원이 많은 학년에 과연 어떤 교사가 배치되는지를 우리는 알고 있지만 외면하고 있는 상황이다. '나만 아니면 돼'라는 생각으로 올해만 버텨 보자는 현실이 서글퍼진다.

견디는 것을 더욱 공고하게 만드는 것은 말한 사람이 문제를 주도적으로 해결해야 하기 때문이다. 예를 들면, 학교에 예산이 남아 학년별로 필요한 것을 사 주겠다고 이야기하라고 한다면 대부분의 학년에서 멈칫하고 있는 사이 한 학년에서 맨 먼저 커피포트가 필요하다고 하면 다른 학년에서도 마치 기다렸다는 듯 유사한 것이 필요하다고 이야기한다. "그러면 그것에 대한 품의는 누가 해야 할까?"라고 물으면 서로 눈치를 본다. 물론 학년별로 하거나 행정실에서 해 주면 좋겠으나 그렇지 않을 경우, 제일 먼저 입을 연 사람이 총대를 메야 하는 경우가 많다. 수년간의 경험을 통해 말을 먼저 꺼낸 사람에게 일이 돌아오는 것을 알고 있는 노련한 교사일수록 이러한 상황에서 말을 아낀다. 그래서 우리는 어떤 불편함이 있더라도 나서지 않고 결국 참아내는 극도의 인내심을 발휘하여 모든 이들이 함께 불편한 애매한 상황에 놓이게 된다. 또는 자신의 의견을 강력하게 피력할 경우 '나댄다'는 오해를 받거나 공격의 대상이 될 우려가 있다. 그래서 되도록 자신의 존재를 드러내지 않으면서 동료들과 얼굴을 붉히지 않고 큰 마찰 없이 지내는 것이 학교생활을 잘하는 것으로 여기는 교사들이 많다.

　더 큰 문제는 이러한 내부의 문제를 인식했음에도 스스로 해결하기보다는 동료들이 모인 공간에서 불만으로 이야기하고 끝내는 경우가 많다는 점이다. 예를 들면, 학교장허가 교외체험학습 신청서와 보고서를 걸고 결재를 받는 것을 생각해 보자. 학생이 학교 방침에 따라 정확하게 신청서와 보고서를 내면 좋겠지만 여러 사정으로 교사는 학생들에게 보고서를 내라고 재촉해야 하는 상황이 자주 연출된다. 체험학습 신청서를 학교 상황에 따라 3~7일 전까지 제출하도록 내규를 가지고 있지만 학생들은 자신의 편의에 따라 전날 또는 당일 아침에 가져오는 경우도 있다. 물론 이는 명백한 규정 위반이지만 교사에 따라 유연하게 받아서 잘 처리하는 사람도 있고, 규정대로 결석 처리하는 교사도 있다. 그러면 학부모는 작년에는 하루 전에 받아 줬는데 올해는 왜 받아 주지 않느냐며 볼멘소리를 한다. 결국 교사는 더 큰 민원으로 가는 것을 막기 위해 씁쓸하게 서류를 받아 주는 경우가 다반사다.

　이러한 불편은 교사 개인에게 맡겨 놓을 것이 아니라 커다란 예산을 투입해 개발한 4세대 지능형 나이스(Neis)와 연계하여 학부모가 직접 나이스를 통해 신청하고, 해당 학교에서 결재가 완료되면 보고서를 스마트폰에서 바로 작성하고 사진까지 첨부하게 만들면 누구도 불편하지 않을 텐데 오늘도 여전히 교사들은 학생을 쫓아다니며 서류를 내라고 독촉하고 있다. 불편을 불만으로만 끝내는 것이 아니라 공론화해서 우리가 필요한 부분을 명확히 전달하고, 이를 기술 기반으로 해결하는 성공적인 경험이 교직 문화의 변화를 만들어 낼 수 있지 않을까?

(2) 불편함이 더 큰 에듀테크

지역마다 차이는 있겠으나 2024년을 기준으로 3~6학년 학생들이 활용할 수 있는 1인 1기의 스마트 디바이스가 학교에 지급됐다. 이는 코로나19가 가져다준 긍정적인 결과라 할 수 있다. 코로나19 이전만 해도 무선망이나 스마트 패드는 일부 선도학교나 예산이 많은 학교가 누릴 수 있는 혜택이었으나 현재는 대부분의 학교에서 일상적으로 볼 수 있는 모습이다. 학생들은 학교 공간 어디서든 장소와 시간에 구애받지 않고 원하는 학습을 맞춤형으로 할 수 있게 된 것이다.

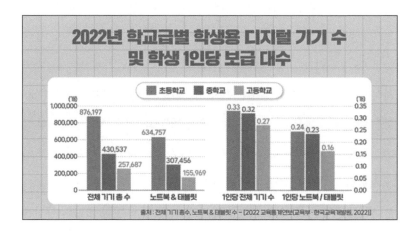

그러나 실제 교실의 모습은 어떤가? 여전히 스마트의 '스' 자도 경험하지 못한 학생들이 존재한다. 스마트 기기가 아니더라도 교육목표를 달성할 수 있는 방법은 많다. 교사는 서책형 교과서를 중심으로 인○○, 아이스○○, 밀○○ 등 다양한 교육 지원 플랫폼을 통해 스스로 제작한 학습지와 활동 자료를 활용해 최선의 수업을 하고 있다. 이 과정에서 스마트 기기는 있으면 좋지만 없어도 크게 문제가 되지 않는다. 그렇다면

교사들은 왜 스마트 디바이스를 적극적으로 활용하지 않는 것일까?

우선, 스마트 디바이스를 활용한 수업에 대한 가성비가 떨어진다는 것이다. 서책형 수업의 경우 준비해야 할 것은 교과서, 학습지, 교사 수업 자료 정도지만, 스마트 디바이스를 활용해 수업을 진행하려면 패드 충전에서부터 로그인, 아이디와 비밀번호 분실에 대한 체크, 웹주소 오류 및 서비스 점검, 서비스 가입 유무 확인, 인터넷 연결 등 중간중간 어떤 일들이 일어날지 몰라 걱정거리가 한가득이다. 얼리어댑터 교사들은 "그게 무슨 소리냐? 오히려 스마트 디바이스를 활용한 수업이 훨씬 준비할 것이 없고, 할 수 있는 것이 다양하다."고 말할지 모르지만 디지털 기기에 익숙하지 않은 교사에게는 단순히 태블릿PC를 활용한 인터넷 검색 수업도 일상이 아닌 '특별한 수업'으로 생각될 수 있다. 또한 현재 존재하는 디지털 기반의 교과서는 서책형 교과서를 E-book 형태로 옮겨 놓은 것이고, 실감형 AR/VR를 연동시켜 놓았다고는 하나 이를 수업 전반에 활용하기는 어렵다. 이러한 기술은 학생들의 학습 동기부여 차원에서 사용할 수 있는 간단한 부분이기에 스마트 디바이스를 활용한 활동을 수업 전반에 적용하기 위해서는 체계적인 수업 설계가 필요하다. 물론 완성도 있는 수업을 모든 수업에 적용하면 좋겠지만 수업은 살아 있는 과정으로 순간순간마다 학생들에게 의미 있는 경험이 다양한 모습으로 예측 불가능하게 나타난다. 환경과 상황에 따라 최적의 방식으로 학생들에게 배움을 지원하는 과정에서 디지털 기술보다는 친구들과의 협력, 교사와의 의사소통이 훨씬 더 효과적인 역할을 할 수 있다. 학생마다 디지털 기술에 대한 이해도와 숙련도가 다르고, 수업 과정에서 교사가 원하는 정보나 교육 자료를 즉각적으로 제공하는 것도 매우 제한적이기에 교사들은 불확실한 도전을 하기보다는 안정적인 형태의 수업 방식을 고수할 수밖에 없다.

또한 스마트 디바이스를 관리하는 운영 체계의 어려움이 크다. 학교마다 스마트 디바이스의 종류와 운영 방식이 천차만별이지만, 디바이스에 문제가 생겼을 경우 교사가 해결해야 할 업무와 부담이 늘어난다는 공통점이 있다. 학생들에게 스마트 디바이스를 지급하여 소유권을 학생에게 주지 않는 이상, 기기에 문제가 생기면 이는 학교에서 책임을 져야 하는 상황이다. 파손이나 분실 상황이 발생하면 학생이나 학부모에게 배상 책임을 물어야 하지만 이는 쉬운 일이 아니다. 동일한 기종으로 배상받아야 하지만 그 기종이 생산되지 않는다거나 학부모가 배상을 거부할 경우 담당 교사는 매우 난처한 상황이 된다. 또한 매해 진급하는 학생들을 위해 정보를 수정해야 하고, 전년도 학생들이 사용하던 스마트 디바이스를 그대로 사용할 수가 없어 초기화해야 하는데 이 과정에서 스마트 디바이스가 로그아웃이 안 되어 있다거나 화면 잠금이 되어 있으면 교사들은 자체 해결을 해야 하기에 엄청난 스트레스가 된다.

그리고 학교에서 장비를 구입하면 의무적으로 활용해야 할 기간이 5년인데, 과연 가정에서 스마트 패드를 5년이나 사용하는 사람이 얼마나 있을까? 스마트폰도 일반적으로 2~3년 주기로 바꾸는데, 여러 학생이 공동으로 사용한 스마트 디바이스를 5년 동안 사용하라는 것은 현실에 맞지 않다. 코로나19 때부터 각 시도 교육청에서 최선을 다해 스마트 드바이스를 납품한 시기가 2019년이라고 하면 2024년 이후부터 활용하기 어려운 노후한 스마트 디바이스가 학교에 쌓이기 시작할 것이다. 결국 노후화된 스마트 디바이스를 관리할 방안과 이러한 문제를 근본적으로 해결할 수 있는 정책적 지원이 시급하다.

(3) 에듀테크 교육에 대한 불신

많은 교사가 에듀테크 관련 정책을 교육부 장관이나 교육감의 공약의 일부로 생각하고, 정책의 흐름 없이 새로운 기술을 무작정 도입한다고 오해하고 있다. 사실 에듀테크의 변천을 보면 교육정보화 기본계획에 의해 정책이 수립되고, 시대와 기술의 변화를 반영하여 학교 현장의 디지털 고도화를 지원하고 있다. 현재는 6차 교육정보화 기본계획 (2019~23)이 반영된 2022년도 교육정보화 시행계획에 따라 교육정보화 정책이 진행 중이다. 문제는 교육부나 교육청이 지난 정권의 교육정책은 그 공과 실을 정확히 파악하여 부족한 정책은 수정·폐기하고, 잘한 정책은 더욱 높은 단계로 진화시켜야 하는데 현 장관이나 교육감 취임 이전에 하던 것들은 대부분 사장시키는 우를 범하고 있다는 것이다. 그러다 보니 정책이 이름만 바뀌고 늘 제자리걸음 수준으로 현장은 느끼고 있는 것이다.

2012년에 디지털교과서가 교육의 전면에 들어서고 뿌리 내리려고 하던 2015년 무렵, 이세돌과 알파고의 싸움으로 AI에 쇼크를 받은 교육계는 소프트웨어 교육을 전면에 내세웠다. 제한된 예산으로 인해 디지털교과서의 예산이 삭감되면서 교육 현장에서 한 발짝 물러나게 되었다. 소프트웨어 교육이 익숙해질 무렵 코로나19가 찾아왔고 비대면 문제를 해소할 수 있는 메타버스 열풍이 교육 현장에 거세게 불었다. 마치 메타버스가 아니면 교육계가 끝장날 것처럼 열광했고, 대통령실에서는 어린이날 행사를 위한 비대면 이벤트를 마인크래프트를 활용해 가상의 공간에서 진행했다. 영원할 것 같은 메타버스는 코로나19가 지나고 기초학력 문제와 ChatGPT가 세상에 모습을 드러내자 자리를 내놓는 모양새다. 그러면서 다시 잊혔던 디지털교과서가 AI와 연계되어 AI 기반의 디지털교과서 정책이 나온 것이다. 물론 디지털교과서는 2012년 당시의 교육부 장관이 2023년에도 교육부 장관에 재임하게 되면서 탄력을 받은 것은 부인할 수 없다. 누군가가 보기에 구석기 시대의 잊혔던 디지털교과서처럼 보일 수도 있지만 시대적 흐름을 보면 디지털교과서가 새로운 형식으로 업그레이드되어 안착될 수 있는 환경적·역량적 준비가 되었다고 볼 수도 있다. 학생들이 디지털교과서에 요구하는 기능이나 시스템은 2012년과 2024년은 판이하게 달라졌고, 10년간의 교육정보화 정책으로 인해 학생들의 디지털 리터러시 수준은 비교하기 어려울 정도로 높아졌다.

하지만 많은 교사들이 디지털 교육과 관련된 정책이 어떻게 바뀌든 교실 문을 걸어 잠그는 이유는 정권이 바뀌거나 새로운 기술이 나오면 또다시 유행이 지난 정책은 곧 사그라들 것이라는 경험적 믿음과 급변하는 디지털 정책에 대한 학습된 무기력으로 인해 교사에게 익숙한 아날로그 방식의 교육활동을 고수하는 것이 아닐까 싶다. 물론 익숙한 방식이 나쁘다는 것이 아니다. 유치원이나 초등 저학년의 경우 디지털보다는 아날로그 방식의 수업이나 활동이 주를 이뤄야 한다. 존중과 배려,

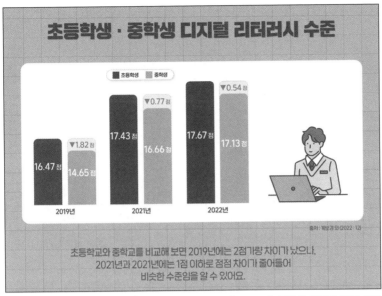

출처: KESS 교통통계서비스, [카드뉴스 2023-13] 2022 초·중학생 디지털 역량 현황

기초생활습관 같은 것은 디지털로 배우기 어렵다. 다만, 교사의 무관심이나 과거의 실패 경험으로 만들어진 신념으로 인해 학생들에게 다양한 경험을 제공할 수 있는 기회를 박탈하고 예산 낭비의 주체가 교사들의 무관심이라는 결론으로 가질 않기를 바랄 뿐이다.

(4) 디지털 교사 연수의 허와 실

새로운 기술이 세상에 나오면 그에 따른 교사 연수 요청이 끊이지 않는다. 이는 새로움에 대한 갈구이자, 최신 기술을 교육에 접목해 학생들에게 새로운 세상을 만나게 하려는 교사들의 선한 의지와 투자이다. 일부 교육청은 이러한 교사들의 요구에 맞춰 AI 시대에 발 빠르게 대응하기 위한 교원 맞춤형 연수를 진행하고, 해당 교육과정을 체계화하기 위해 디지털 배지 개념을 도입한다. 교사들은 학습 이력이나 경력을 디지털로 증명하고 관리할 수 있게 되며, 인공지능 이해, 디지털 활용 문제해결, 인공지능 윤리, 인공지능 활용 교과교육 등을 통해 폭넓은 이해를 가능하게 만든다.

출처: 서울특별시교육청

하지만 이러한 디지털 기반의 연수는 주로 재미와 기술 중심으로 접근하는 경우가 많다. 새롭고 신기한 연수에 연수생이 많이 몰리는데, 듣는 것만으로도 새로운 세상이 열리는 연수에는 폭발적인 반응이 나타난다. 문제는 연수를 운영하는 기관들이 비슷한 연수를 우후죽순 만들어 내고, 일부 강사가 여기저기에 초대되어 기관만 다르고 비슷한 내용의 연수로 진행되는 경우가 다반사라는 것이다.

또한 배울 때는 신기하고 즐거웠던 연수가 일상으로 돌아오면 활용하기 어렵거나 학교 현장에서는 적용이 어려운 경우가 많다. 유용하게 활용할 수 있는 프로그램 중에는 해외 직구의 유료 버전을 구입해야 하는 경우가 있는데, 이런 프로그램은 학교에서 구매가 어려워 개별 구매를 해야 하거나 학급 아이들이 함께 활용하기엔 지불해야 할 비용이 커서 대체할 저렴한 서비스를 찾는 경우가 많다. 연수 시에는 무료였다가 현장에서 활용할 때는 유료로 전환되어 좋은 서비스이지만 포기해야 하는 경우도 많아 이를 정책적으로 지원할 수 있는 방안이 범국가적인 차원에서 필요하다.

3. 에듀테크를 에듀테크답게 하려면

(1) 공감에서 시작하는 디지털 교육정책

학교 현장에는 수많은 정책이 하루가 멀다 하고 들어온다. 물론 교사의 본질인 수업과 교육과정의 문제라면 교사들은 쉽게 포지션을 변경하고 정책의 방향에 맞게 교육활동을 운영할 수 있는 역량이 있다. 하지만 에듀테크나 디지털 기술의 문제는 다르다. 학교 현장에는 디지털 기술이 친숙한 얼리어댑터 교사도 있지만, 아날로그 중심의 교육이 효과적이고 여전히 그러한 교육을 강조하는 교사도 많다. 디지털 기술을 수업에 가져오지 않는다고 해서 역량이 떨어지는 교사가 아니다. 오히려 디지털 외에 다양한 방식으로 아이들의 삶을 더 윤택하고 풍요롭게 도와줄 수 있다는 것을 간과해서는 안 될 것이다.

우선 아날로그 중심의 교사들이 디지털의 장점을 이해하고 디지털 연계 수업이 학생들의 상상력을 자극할 수 있다는 공감대를 만들어 주어야 한다. 여러 가지 측면에서 기술에 대한 연구를 진행하고 이를 지원하기 위한 중장기 계획을 수립해야 한다. 기술 도입 전에 다양한 연수 시스템을 마련하여 교사의 역량을 강화하고 디지털 수업의 장점을 느낄 수 있도록 교사 주도성(Agency)을 높여 주어야 한다. 기술로 인한 단점은 최소화하고, 누구도 소외되지 않고 학생 맞춤형으로 아이들의 상상력을 키워 갈 수 있다는 가치와 비전을 교사들에게 인식시킬 필요가 있다. 단순히 반짝반짝 신기한 기술 중심이 아니라 학생들이 어떤 방식으로 미래를 만나고 문제를 해결할 수 있는지 교사들에게 친절하게 설명해야 한다. 다양한 디지털 관련 정책을 통해 미래 사회를 살아갈 학생들의 소양과 역량을 기를 수 있다는 믿음과 신뢰를 교사들이 가질 수 있다면 굳이 말하지 않아도 교육 현장에는 디지털 기술이 안정적으로 안착할 수 있을 것이다.

(2) 교복처럼 지원되는 디지털 기기

디지털 디바이스를 활용한 수업 준비 문제, 기기 고장과 운영의 문제, 지속적 사용이나 노후된 장비의 경우 BYOD(Bring Your Own Device)를 통한 개별적 관리로 해결할 수 있다. 이미 선진국에서는 사용하는 디지털 디바이스 관리 정책으로 BYOT(Bring Your Own Technology)의 개념을 들 수 있다. 교육청이나 국가에서 공식적으로 제공하는 장치를 사용하도록 요구하는 것이 아니라 개인마다 소유한 장치를 자유롭게 사용할 수 있도록 지원하는 것을 의미한다. 이러한 정책은 이미 다수의 에듀테크 전문가 및 교사 그룹에서 끊임없이 요구하는 바이나 관계 법령의 부재로 인해 표류하고 있는 상황이다.

많은 이들이 BYOD로 인해 취약계층의 빈곤이 드러나고 계층 간 차별이 나타날 것이라고 예측한다. 하지만 학생들이 자신이 원하는 디바이스를 살 수 있도록 국가에서 기기의 70% 예산을 지원하거나 통신사와 연계된 정책을 펼치면 누구나 원하는 개별 디바이스를 구매할 수 있게 될 것이다. 아울러 취약계층에게는 현장체험학습이나 수학여행 비용을 일정 부분 지원하듯이 추가적인 지원을 할 수 있는 방안을 찾을 수 있을 것이다. 결국 정책은 학생을 위한 다양한 상상력에서 시작되며, 행정상의 편리함보다는 학생의 요구와 필요에 부응하는 정책 방향으로 전환되어야 그 효과성이 높아질 것이다.

(3) 생애주기형 디지털 표준(Standard)

신규교사, 저경력·고경력 교사, 관리자에게 필요한 디지털 역량에 대한 체계가 필요하다. 한 교사가 신규 발령을 받아 퇴직할 때까지 약 40년 정도 교직에서 아이들을 가르친다고 할 때 생애주기에 따라 그 역량이나 배움의 내용이 체계적이고 전문적으로 바뀔 수 있도록 역량별 가이드가 필요하다. 그래야만 빠르게 변화하는 사회에 교사 스스로 적응할 수도 있겠거니와, 늘 새롭게 변화하는 학생들을 상대하고 가르칠 때 눈을 현혹하는 매혹적인 기술에 동요하지 않고 교육의 본질을 추구하면서 디지털을 가치를 체득할 수 있게 될 것이다.

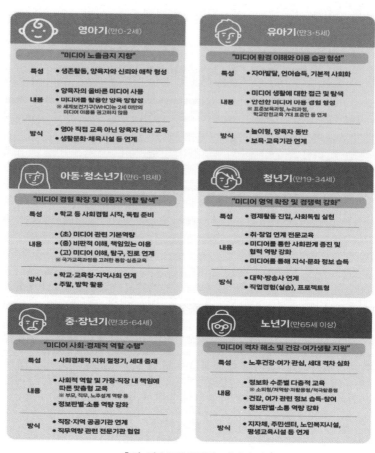

출처: 방송통신위원회 , 미디어 역량교육 지원전략 보도자료

(4) 에듀테크 마켓 활성화

효과적인 에듀테크 정책을 실현하기 위해서는 다양한 주체와의 논의와 협업이 필수이다. 현재까지는 공공은 예산을 집행하고 민간은 서비스를 운영하는 방식의 협력 모델을 구축하고 일종의 갑과 을의 형태로 일을 진행했다. 하지만 이제는 학교나 교육청의 역량만으로는 더 이상 디지털 환경의 변화에 대응하기 어려움을 인정해야 한다. 정부(교육부)나

시도 교육청, 학교는 공공기관, 학계뿐만 아니라 에듀테크 관련 활동을 하는 민간(산업계) 영역도 포함될 수 있다(홍선주 외, 2020, p. 204)는 것을 인식할 필요가 있다.

에듀테크가 활성화되면서 학교에서는 단순히 멘0미터나 패0렛 같은 서비스만 필요한 것이 아니라 스마트 패드나 펜슬 같은 주변 기기, 실시간 상호작용이 가능한 커뮤니케이션 도구 등 다양한 에듀테크의 물리적·환경적 수요가 늘어날 수밖에 없다. 실제 학교에서 필요한 것은 학생들이 누구나 쉽게 쓸 수 있는 서비스를 보다 더 쉽게 계약하고 행정 처리할 수 있는 부분이다. 또한 어떤 서비스가 어떻게 활용될지 모르기 때문에 우선 사용한 교사들이 서비스의 장단점을 분석하고 이를 카테고리화하여 참고할 수 있도록 지원해야 한다. 대한민국 에듀테크 마켓맵[83]을 예로 들 수 있는데, 민간기업에서 개발한 마켓맵은 매해 현직 교사를 대상으로 사용하고 있는 에듀테크 제품 데이터를 수집하고 분석해 제작하고 있으며 매년 조금씩 고도화하고 있다. 이를 통해 교사들은 원하는 서비스를 빠르게 찾아서 활용할 수 있게 되었으며 교육 현장에서 유용하게 활용할 수 있는 서비스를 손쉽게 찾아볼 수 있게 되었다. 이렇게 AI나 에듀테크 관련 서비스가 한 곳에 모여 있고, 연간 라이센스 계약을 통해 원하는 서비스를 학교에서 보다 쉽게 활용할 수 있도록 교육부와 시도 교육청이 민간기업과 협력 체계를 구성해 교육용 에듀테크 마켓을 구축하면 급변하는 디지털 시대에도 유연하게 대응할 수 있을 것이다.

---

83 IT조선 (https://it.chosun.com)

출처: 2024 대한민국 에듀테크 마켓맵, 러닝스파크

AI 교육은 과연
미래 교육을 선도하는가

금나래

1. AI의 바람이 불다 : 대한민국 교육의 디지털 전환과 미래

AI 교육에 대한 열풍이 거세다. 서울, 경기를 필두로 시도 단위의 교육청마다 자신만의 AI 코스웨어나 학습과 평가를 지원할 수 있는 플랫폼을 구축하고자 노력하고 있다. 교육부 역시 2025년까지 AI 디지털교과서를 초등 3~4학년, 중1, 고1을 대상으로 수학·영어·정보 과목부터 전 세계 최초로 도입한다고 밝혔다. 이를 위해 교육부는 2023년 7개 시범 교육청을 중심으로 전국적으로 300개 디지털 선도학교를 선정해 특별교부금 300억 원을 투자했다. 하이테크·하이터치란 슬로건 아래 지속적으로 예산과 지원 인력을 늘려서 2024년도에는 디지털 선도학교가 1,000곳으로 확대되었다. 각 학교는 기개발된 에듀테크 프로그램이나 AI 코스웨어 등을 이용해 교수·학습 및 미래형 평가를 진행하고, 이를 통해 학생의 맞춤형 성장을 구현할 수 있는 새로운 교육 모델로 만들기 위해 분주하게 노력하고 있다.

디지털 기반 교육 혁신 추진 로드맵

	2023 준비 2024	2025 도입	2026년 이후 확산
2022 개정 교육과정	적용 준비 지원	적용(초3~4, 중1, 고1)	적용(2026년: 초5~6,중2, 고2) → (2027년: 중3, 고3)
AI 디지털교과서	개발 가이드라인, 데이터 표준 제공	· 적용(초3~4, 중1, 고 공통·일반선택과목) · 과목은 수학, 영어, 정보+a	· 적용(2026년: 초5~6,중2) → (2027년: 중3) · 과목 추가
교원	▶ T.O.U.C.H 교원 : 2023년(400명) → 2024년(800명) ▶ 대상 교원의 40%·관리자 100%(2.4만명)	▶ T.O.U.C.H 교원: 1,500명 ▶ 대상 교원의 70%	▶ T.O.U.C.H 교원: 2,000명(2026년) ▶ 대상 교원의 100%(2026년)
디지털 디바이스	디바이스 보급·점검 (2022년 3월 기준: 151만대)	1인 1디바이스(초3~4, 중1, 고1)	1인 1디바이스(2026년: 초5~6, 중2, 고2) → (2027년: 중3)
인프라	유무선망 점검	모니터링 및 보완	모니터링 및 보완
시범 시도교육청	2023년(7개) → 2024년(17개)	17개	17개
선도학교	2023년(300개) → 2024년(700개)	추가 확대	추가 확대

출처: 교육부

물론 교사의 요구나 학생들의 필요에 따라 원하는 서비스나 플랫폼은 천차만별이지만 AI의 기술적 발달과 에듀테크 기업의 지속적인 기술 고도화로 점차 학교 현장의 요구를 만족시킬 만한 AI 기술을 탑재한 서비스들이 출시되고 있다. 특히, 글로벌 기업이 출시하고 있는 생성형 AI 서비스나 교육부, 각 시도 교육청 및 EBS에서 개발 중인 AI 코스웨어나 맞춤형 학습 지원 플랫폼 등은 교수·학습 활동을 지원하는 데 큰 역할을 할 것이라 기대하고 있다. 뿐만 아니라 교원의 디지털 역량 강화를 위해서 국가 차원에서 디지털과 관련한 우수한 얼리어댑터 교사들을 모아 '터치(T.O.U.C.H, Teachers who Upgrade Class with High-tech) 교사단'을 선발하여 전국의 교사들을 대상으로 디지털 역량 강화를 지원하고 있다. ICT 교육에서 시작해 스마트 교육, 소프트웨어 교육, 메타버스, 에듀테크 교육에 이르기까지 전 세계 디지털 변화의 중심에 서 있었던 대한민국의 교육 현장에 AI라는 새로운 바람이 불고 있다.

2. 교육격차 해소를 위해 등판한 구원투수, AI

(1) 만병통치약으로 인식되는 AI 코스웨어

코로나19 이후 기초학력에 관한 문제가 사회적으로 대두되고, 디지털 환경 및 AI 기술의 비약적 발달로 교육 현장의 문제를 기술 기반으로 해결하려는 움직임이 생겨났다. 지역과 학교, 교사의 상황과 환경에 따라 격차가 생기지 않는, 누구나 공평한 혜택을 누릴 수 있으며 언제 어디서라도 동일한 최적의 서비스를 제공할 수 있는 기술적 접근에 관심을 가지기 시작했다. 더 이상 교실에 한정되지 않고 시공간을 초월한 배움이 일어나도록 AR/VR, 사물인터넷(IOT) 등을 활용하여 교육 공간의 제한을 해소하려는 움직임인데, 공간혁신에서 그린스마트 미래학교까지 다각적인 시도가 그 뿌리가 되었다. 또한 무선망과 스마트 패드의 보급을 통해 디지털 기반의 교수·학습이 일반화되었으며, 이를 통해 개별화 학습 및 맞춤형 교육이 실현 가능해졌다. AI를 통해 학생 개개인의 학습 능력을 파악하여 최적의 성과를 도출하고, 다양한 학습 도구를 통해 깊이 있는 학습과 지속적인 학습 동기를 유지하면서 자신의 진로 직업과 연결된 미래형 수업을 지원하고, 학생들의 자기주도성을 높일 수 있을 것이라고 말하고 있다.

그렇다면 AI 코스웨어는 어떠한 원리로 작동해 학생들의 학력을 향상시킬 수 있는지, 교수·학습 환경에서 어떻게 활용할 수 있을지 생각해 봐야 할 것이다.

① AI 코스웨어의 작동 원리

다양한 연구와 이론적 토대가 있겠지만 일반적으로 ALEKS (Assessment and LEarning in Knowledge Spaces)[84]를 보면 코스웨어의 개념을 쉽게 이해할 수 있다. ALEKS는 McGrawHill Educatiuon 사의 인공지능 기반 적응형 평가 및 학습 시스템을 통해 20년 이상 학습자의 데이터를 AI로 분석하여 개인화된 학습 경로를 제공하는 방식이다. 수학, 화학, 통계, 회계 분야를 중심으로 전 세계 2천 5백만 명이 넘는 학생들의 학습을 지원했던 연구 과정이다. 여기에서 사용된 AI 기술이 바로 '머신러닝(Machine Learning)' 이다. 이는 컴퓨터가 스스로 학습할 수 있도록 도와주는 알고리즘이나 기술을 개발하는 것을 의미한다. 머신러닝과 연결되는 개념이 빅데이터(Big Data)이다. 컴퓨터에게 학습시키기 위해서는 수많은 데이터가 필요한데, 기존 데이터베이스 한계를 넘어서는 대량의 정형 또는 비정형의 데이터 모음을 말한다. 결국 컴퓨터에 측정 불가할 정도의 막대한 용량의 데이터를 학습시켜 인간의 학습 능력을 가지게 하는 것이 머신러닝이라고 보면 된다. 이제 우리에게 익숙한 ChatGPT 역시 OpenAI가 만든 머신러닝 방법 중 하나인 '딥러닝' 프로그램으로 '언어를 만들도록 만들어진 인공지능', 즉 '대화형 인공지능 챗봇' 을 의미한다고 볼 수 있다.

ALEKS는 이러한 인공지능 기반 적응형 평가 및 학습 단계를 세 가지로 나눠 교수·학습활동을 지원하게 된다. 1단계는 과거 분석, 즉 일정 부

---

84 https://wikidocs.net/128251

분의 평가를 통해 축적된 데이터를 분석하여 현재의 상태 및 학습자의 행동양식 및 습관을 분석하는 과정이다. 2단계는 미래를 예측하는 단계로, 불확실한 상황에서의 위험을 예측하여 학습자에게 나타날 수 있는 반응과 결정을 알려 주는 데이터를 제공하고, 개별 학습자에 대해 성과를 가져오는 습관과 결과를 추천한다. 3단계는 1~2단계의 학습 분석 결과를 적용하여 학습자에게 최적의 맞춤형 학습 경로와 콘텐츠를 제시하고, 학습자는 이에 따른 효율적인 맞춤 학습 및 피드백을 제공받을 수 있다. 미국 애리조나대학교에서는 ALEKS를 활용하여 2015년 62%였던 대수학(Algebra) 과정 이수율을 2017년 74%로 높였으며 100만 달러의 비용을 절감했다고 한다. 한국에서는 아주대학교와 한동대학교에서 AI 튜터링 프로그램을 활용한 학습 지원을 통해 이해도 측정을 통한 AI의 효과성을 입증했다.

ALEKS의 단계를 구조화하면 진단-분석-추천을 통한 학습-보고서 작성의 단계로 볼 수 있다. 이 과정이 전형적인 AI 코스웨어가 작동하는 방식이다. 학생들은 다양한 형식의 지속적인 진단을 통해 데이터를 축적하고, AI를 통해 학습자의 현재 상황과 지식 수준을 평가·분석한다. 그리고 방대한 교수·학습 콘텐츠 중에서 학생에게 최적화된 학습 콘텐츠를 제공하여 학습을 진행하게 된다. 학생들은 지식 진단과 학습, 평가 과정을 반복해 지식 숙달을 이루게 되는데, 우린 이 개념을 '완전학습(Mastery Learning)'이라고 부른다.[85] 블룸(Bloom)은 각 개인에게 최적의

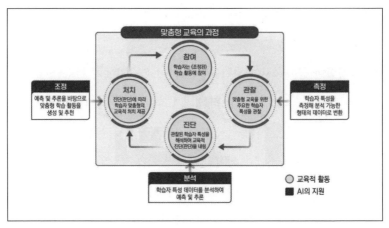

AI 기반 맞춤형 교육의 실현 과정
(SRI Education, 2018: 11-12 바탕으로 아주대 연구진이 수정.보완함)

교수 조건이 마련되어 거의 대부분의 학생이 소정의 학습을 완결하도록
돕는 방법을 찾아내는 것이 교수활동의 임무라고 주장했다. AI를 활용
하여 교사가 하기 어려웠던 반복적인 평가와 학습을 통해 지식 숙달을
추구하고, 이를 통해 마치 일대일 개인 교습을 하는 것처럼 학생 수준에
맞는 개별화된 학습을 가능케 할 것으로 기대하고 있다.

이렇게 AI를 활용한 개별화된 학습을 통해 모든 학생들에게 공평한
최적의 서비스와 기회를 제공할 수 있다는 기대를 넘어 신념으로 자리
잡아 가고 있다. 난관에 부딪혔던 대부분의 교육 문제를 AI를 통해 해결
할 수 있다는 믿음은 정책에 강력한 힘을 부여하고 있으며, 기술에 대한
우려보다는 현재의 어려움을 해결하기 위한 돌파구로 AI를 바라보고 있
지 않나 싶다.

② 교수·학습 환경에서 AI의 활용 방안

미래 교육의 핵심은 학생의 수준과 환경에 적합한 학생 맞춤형 수업 설계를 통해 주도성과 창의성을 가진 인재로 길러 내는 것이다. 한 명의 교사가 다수 학생들의 요구와 상황을 세심하게 분석하기 어려워 AI의 지원을 받아 학생 맞춤형 교수·학습 방식을 구현하고자 하고 있다. 수준별 맞춤형 교육 구현을 위해 AI는 기존에 교사가 수행하던 관찰, 진단, 처치를 지원하는 역할로 활용될 수 있다(SRI Education, 2018, pp.11-12). 단순한 시험이나 필기 등 아날로그 중심의 데이터 수합을 통한 측정을 넘어 영상이나 음성 등을 총체적으로 확인해 학생의 상황과 성취 단계를 세심하게 알아낼 수 있다. 이러한 통합적인 과정을 통해 학생에게 적합한 수준의 자료와 콘텐츠를 학생별 대시보드의 형태로 시각화(visualization) 및 예측(perception)하고, 학생에게 적합한 자료를 분류(classification)하여 최적의 교육 경로를 찾을 수 있도록 핵심 정보를 제시한다. 학습에서 어려움을 겪거나 심화된 배움을 원하는 학생들에게 진단에서 추천이라는 의사결정을 내리기 위한 객관적 증거를 제시하거나 결과를 정리해 교사가 학생들을 보다 깊이 있게 이해할 수 있도록 도와줄 수 있다.

학생이 무엇을 아는지 모르는지를 정확하게 구분할 수 있으며, 배울 준비가 되었는지, 교과에 대한 충분한 사전 정보가 있는지 정밀하게 측정하고 해석하여 학생마다 다르게 개인 맞춤형으로 형성된 학습 경로에 따라 학습을 진행하고, 매 순간 즉각적인 피드백을 제공함으로써 지식을 숙달할 수 있는 다양한 학습 툴을 제공한다. 이 과정에서 학생 스스로 지식이나 정보를 완벽하게 숙달할 수 있도록 부족한 영역에서는 계속적으로 보강이나 반복 학습을 제공해 원하는 수준까지 학생을 성장시킬 수 있다.

교육에서 인공지능은 다양한 방식으로 활용이 가능한데 AIED(AI in Education)[86]는 AI와 함께하는 학습(Learning with AI) 혹은 AI를 도구로 활용하는 학습으로 분류하고 있다(Holmes 외, 2019). 학생들에게 고도의 맞춤형 정보를 제공하는 지능형 튜터링 시스템이나 챗봇과 같은 대화형 튜터링 시스템이 대표적인 예이다. 최근에는 ChatGPT가 고도화되면서 탐구학습을 위한 정보 제공이나 가이드 제공뿐만 아니라 학생들이 작성한 다양한 에세이나 서술형 평가를 채점할 수 있을 정도로 기술이 발전해 수업 및 평가 단계에서 활용할 수 있게 되었다.

AI를 도구로 활용하는 학습 형태

AIED	특징
지능형 튜터링 시스템 (ITS)	단계별 교수와 과제, 맞춤형 학습 경로, 시스템이 결정하는 내용과 학습 경로, 컴퓨터나 모바일 도구로 작업하는 학생들, 맞춤형 피드백, 실시간 적응
대화형 튜터링 시스템 (DBTS)	단계별 대화 기반 교수와 과제, 맞춤형 대화, 시스템이 결정하는 내용과 학습경로, 컴퓨터나 모바일 도구로 작업하는 학생들, 맞춤형 피드백, 실시간 적응
탐구학습 시스템	탐구 과제, 맞춤형 학습 진도, 시스템이 결정한 내용과 학습 경로 내에서의 학생들의 과제 선택, 맞춤형 피드백, 실시간 적응
학생 작문 자동 피드백 채점 (AWE)	시스템에 의해 업로드되고 분석된 에세이 맞춤형 형성적 피드백 또는 총괄 평가 제공

출처 : Holmes et al.(2019). p.165

86 https://edtechbooks.org/edutechlearningscienceskorean/ai_____

이처럼 AI가 교실로 오면 기초학력에 대한 문제가 해결되고, 맞춤형 수업이나 평가를 통해 학생들의 성장과 도전을 지원해 줄 수 있는 것처럼 보이지만 사실 AI를 교실에서 사용하기 위해서는 넘어야 할 장애물이 많다. 학생들의 학습 정보나 공공데이터, 개인정보의 문제는 보안 강화나 비식별화 서비스를 통해 추후 개선할 수 있는 부분이지만 2022 개정 교육과정에서 지향하는 깊이 있는 학습이나 개념 기반 탐구학습, 과정중심평가 등 학생들이 스스로 지식을 탐구하고 창의적으로 문제를 해결할 수 있도록 학습자의 주도성을 키우는 것은 그 어떤 문제보다 해결하기 어려울 것이다. AI보다 더 중요한 것이 학생의 적성, 수업 이해력, 학습 속도, 학습 동기, 사회정서적 역량 등 일상생활에서 보이진 않지만 우리가 그동안 꾸준히 해 왔던 자기주도적 습관들이 AI와 만나야 효과가 날 수 있는 것이다.

(2) AI로 인한 교육 주체의 혼란

AI 시대, 배움과 학습 방식이 변화함에 따라 교사의 역할 뿐만 아니라 학생들의 배우는 방식 또한 변화할 것임은 누구나 예측하고 있다. 다만, 너무나 빠르게 진화하는 기술과 디지털 환경의 변화로 인해 무엇을 어떻게 해야 할지 몰라 최신 기술을 숨 가쁘게 익히며 시대에 뒤처질까 전전긍긍하고 있지 않은가. 또한 교육청은 교사의 AI관련 역량과 디지털 전문성 향상을 위해 다각적으로 지원하고 이를 현장에 얼마나 적용했는지 측정하기 위해 교육과정에 에듀테크를 얼마나 활용했는지를 학교 평가에 반영 하기도 한다. 그렇다면 AI 교육은 정책의 바람대로 교육계의 다양한 문제를 해결하고 학교 현장에서 호응을 받을 수 있을까? 이에 대해 살펴볼 필요가 있다.

① 교사의 역할이 사라질 교실

AI가 교실로 들어올 때 교사들의 걱정은 무엇일까? 그것은 바로 교사의 역할에 대한 문제이다. 기술이 고도화되면 될수록, 완벽하면 할수록 학생들을 위한 AI 맞춤형 최적화 서비스가 가능하다면 굳이 교실에는 교사가 필요 없을 것이다. '아마 교사의 역할은 더 나은 코스웨어를 선정하고 학생들에게 제공하는 행정적인 처리 정도에 그치지 않을까?' 하고 불안해 할 수도 있다. 더 나아가 학생들이 AI 코스웨어를 활용할 때 디지털 역량이 부족한 부분을 채워 주는 보조자 또는 튜터의 역할 정도로 교사의 역할이 축소될 가능성도 있다는 사실이 억측 같지만 일말의 가능성이 있다는 것만으로 교사들을 참담하게 만든다. AI는 단순히 학생들과 수업을 지원하는 도구이고 수업을 설계하고 만들어 가는 것은 교사의 전문성이라고 말하지만, 만약 교사보다 더 효과적으로 학생들에게 맞춤형 학습을 제공할 수 있게 된다면 교사의 역할은 어떻게 될까? 너무 부정적으로 비약하는 것 아니냐는 반문을 할 수 있겠지만 사실 AI가 보여 주는 교실의 미래는 긍정적인 부분보다 인간성 상실이나 AI를 통한 사회 범죄 확산 같은 부정적인 인식이 강하다. 미처 경험해 보지 못한 기술에 대한 결과를 예측할 수 없는 상황에서 섣부르게 학생들에게 AI 기술을 적용하는 것에 대한 거부감이 학교에 팽배한 상태이다.

교사들은 매일 교실에서 아이들과 지지고 볶지만 소중하지 않은 학생은 한 명도 없다. 그 어떤 교사도 예측 불가능하고 검증되지 않은 기술로 학생들을 실험 대상으로 삼고 싶지는 않을 것이다. 변화하는 시대에 디지털 기술의 필요성을 부인하는 교사는 없다. 중장기 계획을 세우고 충분히 연구하고 현장 적용을 통해 리스크를 줄이고 교사, 학생, 학부모의 공감대를 형성해 가면서 정책을 추진하면 누구 하나 비판하지 않을 텐데, 무리수가 있음에도 강력하게 정책을 추진하는 모습을 보며 불안감이 커지는 게 아닐까? 교사뿐만 아니라 학생들은 안정적이고 훌륭한 서비스이면 사용하지 말라고 해도 어떻게든 찾아서 활용하는 디지털 최강국에서 살아가는 사람들 아닌가.

결국, 대체 불가능한 교사의 역할론이 필요하다. 교사의 역할은 학교의 기능이 정상화되었을 때 가능하다. 학교는 작은 사회로서 학생들이 살아가는 데 필요한 기본적인 소양과 역량을 배우고 다양한 경험과 도전을 위한 기회의 공간이어야 한다. 그 안에서 친구들과 교사, 부모님, 지역사회의 다양한 구성원은 학생들의 성장과 발전을 지원할 수 있는 조력자로 협력과 소통을 통한 문제해결의 기회를 배울 수 있도록 도와줄 것이다. 이 과정에서 학생들이 의사소통 능력, 세계시민의식, 디지털 문해력과 같은 기본적인 소양을 기르는 데 조력자들이 할 수 없는 부분을 AI와 같은 기술이 채워 줄 수 있다. 학생들의 기초학력이나 맞춤형 학습, LMS 기반의 평가·분석과 피드백을 지원하겠다는 AI 코스웨어를 통해 학생들은 새롭게 생성되는 지식과 정보를 배워 나가면서 자신만의 경험 체계와 사고 역량을 축적하게 될 것이다. AI 코스웨어는 생소한 개념이라기보다는 기존의 MOOC(Massive Open Online Course)나 온라인 원격연수와 같이 웹서비스를 기반으로 이루어지는 상호 참여적, 거대 규모의 교육을 의미한다. 어쩌면 유튜브를 통해 필요한 정보를 찾아가면서 보는 것도 코스웨어의 개념으로 볼 수 있다. 과거에는 좋은 콘텐츠와 인프라가 부족해서 자신의 꿈을 실현하지 못했다면 지금은 스마트 미디어와 AI의 대중화를 통해 무엇인가를 이루겠다는 동기, 즉 자기주도성(agency)만 있다면 전 세계 최고 석학들의 도움을 받을 수 있는 시대가 된 것이다.

저마다 다른 학습자의 수준, 학습 속도, 현재 상태 등을 다각적으로 진단하고 이에 최적화된 수준별 학습 콘텐츠를 제공하여 학습자 맞춤형 교육을 지원하는 것은 교사도 간절히 원하는 바이다. 개별 학습자의 학습 데이터를 지속적으로 저장하고 분석하여 학생에게 도움이 될 만한 정보와 기능을 추천하고 다양한 방식으로 시공간을 넘어 학습하는 것이 미래 교육의 핵심이다. AI 코스웨어의 핵심은 LRS (Learning Record Store)에 저장된 학생 정보를 중심으로 데이터 분석, AI 튜터 및 피드백, 학습 콘텐츠 제공, 학생용·교사용 대시보드, 학습자 분석을 통한 추천 및 보고서 제공 등을 포함할 수 있다. 빠르게 발전하는 ChatGPT와 연계하여 AI 코스웨어를 개발하면 단순히 학생의 수준을 진단하고 맞춤형 교육을 제공하는 것을 넘어 진로 상담, 학습 지도, 멘토링 등 교사의 고유 업무에도 적용 가능할 것이다.

결국은 AI와 교사의 주도권 싸움이 될 것이다. AI를 도구로 사용하는 교사가 될 것인가, 아니면 AI의 노예가 될 것인가는 교사들의 의지와 전문성에 달려 있다. 교사들이 당당하게 전문성을 인정받고 존중받는 학교문화야말로 교사들이 AI시대에 대체 불가한 존재로서 자리잡을 수 있는 첫걸음이 될 것이다.

② 스스로 공부하지 않는 학생들

산업혁명 시절에는 규격화된 품목을 기계화 및 자동화된 설비를 통해 생산하는 방식으로 소품종 대량생산했다. 이와 반대로 고객의 수요 변화에 따라 제품을 생산하는 다품종 소량생산 방식이 현대에는 유용하게 이용된다. 현대인은 개인마다 다른 취향과 필요 등을 고려한 맞춤형 방식을 훨씬 선호하기 때문일 것이다. 이는 필요한 서비스를 선택·구매하는 데에만 머물지 않고 자신의 학습 상황이나 환경을 다각적으로 분석해서 최적의 콘텐츠와 서비스를 제공받아 배움을 이끌어 내는 교육에서도 적용된다.

사실 AI를 통한 학습 지원은 개별화 학습에 초점을 맞추어 기초학력이 떨어지거나 학습에 어려움을 겪는 학생을 대상으로 시작됐지만, 점차 대상이 확대되어 학생의 학습 전반을 지원할 수 있는 방식으로 정책의 기조가 변화하고 있다. 이를 통해 교사는 AI의 도움을 받아 학생의 개별적 수준이나 학습 상황을 파악하고 그에 맞는 지도와 피드백을 제공할 수 있다. 디지털 기반의 학습 인프라 구축으로 인해 학생들은 일반적인 지식과 정보는 AI나 다양한 검색 엔진을 통해 습득할 수 있으며, 창의융합적인 사고를 통해 개인에게 필요한 결과물을 얻어낼 수 있도록 문제를 정의하고 해결하는 방식으로 교육의 흐름이 바뀌고 있다. 이를 반영하듯 2022 개정 교육과정에서는 디지털 기반의 맞춤형 교수·학습을 통한 의미 있는 학습 경험을 위한 깊이 있는 학습이나 참여 중심의 학습자 주도성 향상을 위한 역량이 주요 과제로 다뤄지고 있다. 이 과정에서 AI를 활용한 맞춤형 학습이 중요한 역할을 담당하고 있으며, 이는 학부모에게 자녀를 객관적으로 진단·분석하여 최적화된 교육 서비스를 제공할 수 있게 도와 줄 것이라 홍보하고 있다.

AI를 통한 학습자 맞춤형 교육은 비단 공교육에서만 진행되는 것은 아니다. 2025년부터 공교육 현장에 AI 디지털교과서 도입이 예정된 가운데 AI 코스웨어 시장을 선점하려는 에듀테크 기업의 참여가 늘어나고 있다. 기존 서책형 교과서를 제작하는 출판사와 디지털 기반의 에듀테크 회사의 협업을 통해 사교육업계의 AI 코스웨어 약진이 나타나고 있으며, 이는 교육계 전반으로 확산되고 있다.

또한 글로벌 플랫폼인 구글이나 마이크로소프트, 네이버와 같은 기업들이 AI 기반의 LMS와 교수·학습 지원 시스템에 박차를 가하고 있다. 마이크로소프트가 AI 챗봇을 결합한 '빙(Bing)'과 '엣지(Edge)' 신규 버전을 발표하고 '코파일럿'이라는 AI 서비스를 출시했다. 구글은 '바드(Bard)'를 넘어 보다 정교해진 '제미나이(Gemini)'로 업그레이드했다. 인공지능 모델을 다양한 서비스와 연계할 수 있게 되면서 교육 관련 AI는 가늠하기 힘든 속도로 빠르게 고도화되고 있다. 현재는 AI를 통해 목소리를 학습해 고인이 된 사람들의 목소리를 재현해 내기도 하고, 생성형 AI를 통해 그림에서부터 영상까지 다양한 콘텐츠를 생성해 교육에 활용할 수 있게 되었다. AI는 빠르고 혁신적으로 교육 현장을 바꾸고 있으며, 이는 미래 교육의 판도를 바꾸어 놓을 정도로 강력한 영향력을 미칠 것이다. 그렇다면 AI를 활용한 교육은 학생들에게 장밋빛 내일을 보여 줄 것인가? 아쉽게도 장밋빛보다는 잿빛 미래가 더 가까워 보인다.

최신의 기술을 교육 현장에 적용하고 스마트 디바이스와 각종 디지털

교육 자료와 정보, 역대 최고의 기초학력 예산이나 인력을 지원하고 있는 상황이지만 여전히 기초학력 미달 비율은 상승하고 있고, 학생들의 학교 이탈률은 계속해서 높아지고 있다. 도대체 그 많은 예산과 인력, 기술을 쏟아붓는데 왜 기초학력이나 배움에 대한 문제가 해결이 안 될까? 물론 이러한 문제해결을 위해 예산, 기술이나 인력이 일부 도움이 될 수는 있지만 근본적인 문제해결을 위한 '키(Key)'는 따로 있다.

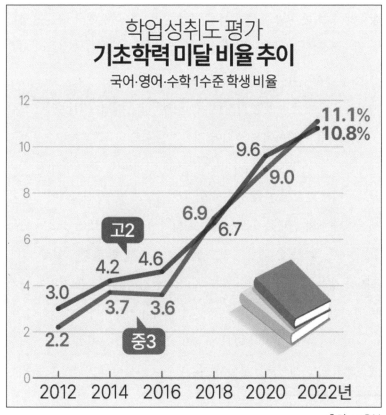

출처: 교육부

그것을 확인하기 위해서는 현실을 제대로 직시할 수 있는 안목과 불편함이 필요하다. 요즘 학생들에게 기초학력과 관련한 문제가 나타나는 근본적인 이유는 제대로 된 공부를 하지 않는다는 사실이다. 학습에 대한 필요를 가지고 스스로 고민하고 문제해결의 과정에서 성취를 맛보면서 다음의 단계로 넘어가는 자기주도적인 학습이 거의 없다. 수없이 많은 채널을 통해 배움을 만들어 가기보다는 문제 풀이에 온힘을 다하는데 정작 왜 그 문제를 풀고 있는지 모른다. 정보는 넘쳐나는데 어떤 것을 학습해야 하고, 어떻게 내가 가진 경험과 지식을 이용해서 새로운 정보를 습득해야 할지 방법을 전혀 모르는 경우가 많다. 그냥 부모님이 시켜서, 선생님들이 하라고 하니 어쩔 수 없이 할 뿐이다.

여기에 더욱 큰 문제는 디지털 네이티브[87]라는 개념에 가려 어린 시절부터 디지털 미디어에 노출되어 기본적인 학습을 위한 준비나 문해력에 대한 기초가 떨어지는 아이들이 늘어나고 있다는 것이다. 만약 이런 학생들에게 생성형 AI를 가르쳐 준다면 어떻게 될까? 사고력이나 문제해결이라는 학습의 본질은 사라지고 AI가 만들어 낸 멋진 자료만 난무할 것이다. 학생들은 내실은 없고 겉만 화려한 속 빈 강정이 될 수 있다. 혹자는 생성형 AI와 놀기만 해도 지식이 발전하고 새로운 경험의 체계로 들어갈 수 있다고 하지만 그것은 성인이나 가능하다고 생각한다. 아마도 그건 그들이 성인이 되기 전 수없이 읽었던 교과서와 서적 그리고 계속해서 읽고 해석하고 쓰면서 경험했던 자산들이 축적되어 지금의 AI

---

87 디지털 네이티브(Digital native)는 디지털 원어민이란 개념으로 스마트폰, 컴퓨터, 인터넷 등과 같은 디지털 환경을 태어나면서부터 생활처럼 사용하는 세대를 말한다. 미국의 교육학자인 마크 프렌스키(Marc Prensky)가 2001년 그의 논문 〈Digital Native, Digital Immigrants〉를 통해 처음 사용한 용어로 휴대전화와 인터넷의 확산에 따른 디지털 혁명기 한복판에서 성장기를 보낸 세대를 지칭한다.

기술을 잘 쓸 수 있게 된 건 아닌지 되돌아보면 좋겠다.

3. AI 교육이 성공하기 위한 조건들

AI 교육이 그동안 학교에서 해결해야 할 문제를 모두 해결해 줄 수 있었다면 이미 선진국에서 너도나도 도입하자고 난리였을 것이다. 하지만 대부분의 선진국은 AI를 교육에 도입하는 데 완급 조절을 하고 있다. AI가 매우 빠른 속도로 발전하고 있지만 이를 학교 현장에 도입하기 위해서는 학교의 무선망과 학생의 스마트 디바이스 보급 문제를 해결해야 하고, 아직 AI를 활용한 교육의 효과성이 검증되지 않았기 때문이다.

코로나19 이후 우리나라는 빠른 속도로 학교에 무선망과 스마트 디바이스를 보급했고,[88] 현재는 초·중등 학교에서 일상적으로 활용할 수 있게 되었다. 특히 2025년 이전까지 AI 디지털교과서의 상용화를 위해 단계적으로 스마트 디바이스를 보급하고 네트워크 안정화를 위해 노력한다고 교육부에서 밝혔으며, 이를 위한 '디지털 기반 공교육 혁신에 관한 특별법'까지 발의된 상태이다.[89] AI 교육을 학교에 적용하기 위한 물리적인 환경과 인프라는 체계적으로 구축되어 가고 있는 것처럼 보이나 실제로 AI가 유의미하게 작동하기 위해서는 기술을 활용하는 주체의 목적의식과 활용에 대한 공감대가 만들어져야 할 것이다. 만약 그렇지 않

---

88 김정기, "씨엔플러스, 전국 초중고 스마트단말기 보급 '시동'", 시사뉴스(2022.10.28.)

89 한치원, "AI 디지털교과서 법적 근거 마련…김진표 '디지털 기반 공교육 혁신 특별법' 발의", 교육플러스(2024.4.11)

으면 AI는 만병통치약이 아니라 예산은 천문학적으로 들었으나 그 효과성은 A4 용지 한 장에도 못 미치는 결과를 가지고 올 수도 있다.

(1) 무엇보다 중요한 것은 학생의 자기주도성

'말을 물가로 데려갈 수는 있지만 물을 마시게 할 수는 없다.' 는 말이 있다. 이는 누군가에게 기회를 줄 수는 있지만 그것을 강요할 수는 없다는 것을 의미한다. 교육의 목표는 학생들이 의미 있는 배움을 통해 스스로 삶을 디자인하고, 불확실한 미래에 만날 수 있는 여러 가지 문제를 스스로 정의하고 해결할 수 있는 역량을 가지도록 돕는 것이다. 이 과정에서 AI는 교사들이 하기 어려운 부분을 지원할 수 있으나 AI 자체가 학습자에게 일어나는 모든 상황은 해결할 수 없음을 인식해야 한다.

AI 교육의 성공 여부는 학생에게 있다. 학생이 스스로 학습하고자 하는 마음을 갖지 않는다면 구글 아니라 구글 할아버지가 만든 완전무결한 AI 코스웨어라도 학생에게 의미가 없을 것이다. 결국 학생을 AI 서비스가 있는 컴퓨터 모니터 앞으로 데려다 놓을 수는 있지만 공부할지 말지는 학생에게 달려 있다. 우리는 코로나19 시절 온라인 학습이 배움에서 의미 있게 작동하는 것이 얼마나 어려운지 경험하고 온라인을 통한 학습 효과성을 높이려면 실재감과 몰입감을 높여야 한다는 경험치를 얻었음에도 불구하고 여전히 AI를 활용한 교육에 대한 환상을 가지고 있다.

AI 코스웨어는 적응형 학습(Adaptive Learning)을 가능케 하며, 이는 데이터 알고리즘에 의한 자동화와 개인화를 지원할 수 있다. 교수·학습 전 상황에서 AI 기반의 지원 시스템을 통해 학습자 수준에 맞추어 학습 속도와 학습 방법, 학습 내용과 순서 등 최적의 학습 경로와 학습 지원을 제공하는 개인별 맞춤 학습을 제공할 수 있다. 얼핏 보면 학습자의 기초 학력 부진이나 우리가 그동안 해결하지 못했던 깊이 있는 학습 및 평가, 이를 통한 자기계발과 진로 탐구 등 모든 것이 가능한 것처럼 보인다. 단, 여기에 한 가지 가정이 빠졌다. 그것은 바로 학습자가 우리가 바라는 이상적인 학습자일 때 가능하다는 것이다. 자신의 미래에 대해 스스로 개척하려는 도전정신과 역량을 개발하기 위해 자기주도학습을 할 수 있는 학습자만이 AI 코스웨어를 제대로 사용할 수 있다.

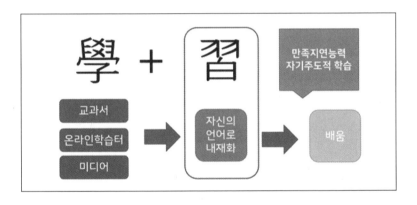

디지털 시대가 되면서 많은 교육 관계자가 잊고 있는 것이 있다. 1타 강사가 출연하는 유튜브 영상을 틀어 놓고 있다거나 세계적인 석학의 MOOC 영상을 본다고 해서 저절로 학습이 되고 똑똑해지는 것은 아니다. 물론 자극을 받거나 영감을 얻을 수는 있다. 그러나 훌륭한 영상 자체가 학습자를 공부시키진 않는다. 또한 메타버스나 AR/VR 등 학생들의 시선을 빼앗는 새로운 기술이 학교 현장에 적용되고 있지만, 그것의

효과는 수업 시작 시 호기심을 끌거나 관심을 집중시키는 때 잠깐이다. 실제적인 공부는 여전히 어렵고 힘들고 지지부진하지만 끊임없이 반복하고 익혀서 자신의 지식으로 만들어 가는 내재화 과정에 들어 있다. 우리는 이러한 학습 과정에서 나타나는 '배움'을 디지털 기술을 통해 범위를 무한대로 확장시킬 수 있게 된 것이다. 의미 있는 학습 경험이란 학습자가 체험하고 느끼는 것을 스스로 생각하고 사고하는 과정을 통해 자신만의 언어로 재탄생시키고 메타인지를 활용해 새로운 지식과 연계되는 것을 의미한다.

학(學)의 관점에서 보자면 지금은 정보가 폭발적으로 증가하고 있으며, 지금까지 인류가 학습한 속도보다 더 빠르게 AI가 학습하고 새로운 정보를 만들어 내고 있다. 더 이상 자료나 정보가 없어서 학습을 못하는 시대가 아니다. 오히려 배울 것은 넘쳐나는데 습(習), 즉 익히지 않아서 자신의 지식 체계로 적재적소에 활용할 수 없는 것이 문제이다. 고된 배움의 과정을 묵묵히 견딜 수 있는 만족지연 능력이나 자기주도적 학습 능력, 인내심과 같이 과거 고리타분하게 여겨졌던 것들이 학생에게 장착되어 있어야 새로운 기술은 그 빛을 발할 수 있을 것이다. 결국 AI 코스웨어를 통한 학생의 의미 있는 학습을 효과적으로 만들기 위해서는 학습자 주도성의 문제를 해결해야 한다. 미래 교육이 도래한 지금 학생들을 현혹시키는 다양한 기술을 가르치는 것이 아니라, 어떻게 하면 아이들에게 강력한 동기부여를 하고 스스로 학습할 수 있는 자기주도적 학습 태도를 생활 속에서 실천할 수 있는지가 AI 교육의 성공 여부를 판가름할 것이다.

(2) 사회정서교육이 선행된 하이테크(High-Tech)

'AI가 학교교육의 본질인 인간적 상호작용을 대체하면 어쩌지?' 이는 AI가 교육 현장에 접목될 때 누구나 생각할 수 있는 질문이다. 디지털 기술의 발전은 학생들이 AI와의 상호작용에 의존하게 만들 위험을 내포하고 있으며, 이는 교육의 핵심인 관계 형성을 위협할 수도 있다. 지극히 개인화된 사회로 진입하고 인간적인 상호 교류가 축소되는 환경에서 교사와 학생, 학생 간의 직접적인 소통은 학습의 질을 높이는 중요한 요소인데, 디지털 도구와 AI 시스템이 이러한 인간적 요소를 대체하게 된다면 교육은 단순한 정보 전달로 그 기능이 퇴색될 수 있다. 학생들에게는 사회정서적 역량이나 공감 능력, 배려와 존중 같은 사회적 기술이 필요한데, AI 중심으로 접근하면 이러한 기본적인 사회정서적 역량이 결여될 위험이 커진다. 비대면과 익명성을 전제로 하는 디지털 상호작용은 종종 비인격적이며, 공감적 지지나 심리적 지원을 제공하는 데 한계를 가지기 때문이다.

코로나19 이후 비대면에 익숙해지고, 극도의 개인주의가 학교 현장의 문제로 자리 잡아 가면서 학교 구성원 간의 직접적인 상호작용이 줄어들고 있다. 이는 학생들이 학교에서 정서적 지지를 통해 성공 경험을 갖고, 다양한 사람들과 관계를 맺으면서 세상을 살아가는 데 필요한 내적인 힘과 외적인 기술을 익히는 복합적인 역할을 어렵게 만든다. 또한 정서적 결핍은 학생들이 친구나 교사와의 관계에서 느끼는 소외감으로 이어질 수 있으며, 이는 자존감 저하와 우울증 같은 심리적 문제를 초래할수 있다. 연구에 따르면, 인간의 상호작용은 정서적 안정과 사회적 기술

발달에 필수적이다. 따라서 비인간적 상호작용이 증가하는 환경에서는 학생들이 정서적으로 고립될 위험이 커진다. 간혹 AI 기반 학습 도구를 활용해서 교사와의 정기적인 상담 및 그룹 활동을 통해 학생들이 정서적 지지를 받을 수 있고, 디지털상에서 건강한 관계를 형성할 수 있도록 지원할 수 있다고 하지만 1대 다수의 교실 환경에서 디지털 기술로 학생들과 상호작용하는 방식은 정서적 결핍을 해결하는 데 적합하지 않다. 특히 초등학교에서는 기초생활습관을 중심으로 삶을 살아가는 데 필요한 기본적인 소양과 역량을 배우게 되는데 AI 디지털교과서의 도입에 앞서 인간적 상호작용의 중요성을 간과해서는 안 된다.

교사들은 디지털 기술이 가치 있게 활용될 수 있는 방법을 꾸준히 고민하고, 배려와 존중, 가치 중심적으로 인간적 상호작용을 강화하는 방법을 먼저 제시해야 한다. 기술 만능에서 벗어나 교육의 본질을 중시해야 AI로 인한 부정적인 결과를 최소화할 수 있다. 아무리 혁명적인 디지털 혁신이 이루어지더라도 그 속에서 인간의 따뜻함과 소통을 잃지 않는 것이 무엇보다 중요하다. 디지털 의사소통이 교사와 학생 간의 직접적인 상호작용을 대체하지 않도록 교사는 학생의 정서적·사회적 발달을 지원하는 중요한 역할을 하고, 디지털 기술은 교사가 하기 어려운 부분을 보완하는 방향으로 적용되어야 한다. 그래야 공교육에서 지향하는 '함께 살아가는 시민'을 길러 낼 수 있을 것이며, 학생들은 삶과 교육의 맥락에서 인간의 따뜻함을 배울 수 있게 된다. 교육과정 운영 시간을 넘어 일상에서 서로 소통하고 협력하는 경험을 쌓으면서 디지털 도구가 인간적 상호작용을 지원할 수 있음을 배워야 할 것이다.

아울러, AI 코스웨어가 강조하는 학생 맞춤형 수업이나 개인화된 학습 환경은 학생들이 독립적으로 학습하도록 유도하지만 동료와의 협력적 학습 기회를 감소시킬 수 있다. 코로나19 시절, 학생들의 기초학력에 대한 문제가 부각되었던 이유는 친구들과의 협업이나 능동적인 학습을 하지 못했기 때문이 아니었을까? 윌리엄 글래서(William Glasser)의 '학습 방법에 따른 기억의 비율' [90]을 보면 오프라인에서 학생들은 서로의 의견을 나누고 문제를 함께 해결하는 과정에서 사회적 기술을 발전시킬 뿐만 아니라 배운 것을 자신의 기억으로 전환시키는 역할을 할 수 있다. 만약 AI를 활용한 의사소통에 학생들이 의존하게 되면 이러한 상호작용이 줄어들어 사회적 기술이 부족한 학생이 양산될 수 있다. 가뜩이나 사회정서적 기술이 부족해 교육부에 '사회정서성장지원과'가 생기는 마당에 이러한 사회적인 관계에 어려움을 만들어 낼 수 있는 기술 중심적 접근은 초등학생에게 특히 위험하다.

개인화된 학습은 학생들이 자신의 속도에 맞춰 학습하게 하지만, 이는 또래와의 건전한 경쟁이나 협력의 기회를 제한하기도 한다. 과도한 경쟁은 학교에서 지양할 부분이지만 협력 중심의 경쟁을 통해 학생들은 동기부여를 받고 함께 달릴 수 있는 러닝메이트로 성장할 수도 있다. AI 디지털교과서로 인한 맞춤형 학습은 개별화된 학습을 가능하게 해 학생의 성취를 보다 명료하게 이루어 낼 수 있는 것처럼 보이지만, 학생의 학습 경로가 개별화하고 분리되면 동일한 과업을 이루어 내기보다는 자신의 목표만을 위해 달리는 상황이 연출되기에 공동체의식이 약화되고

---

90 https://ssedu.tistory.com/75

학생 간의 유대감이 감소할 수 있다. 학생들이 독립적으로 학습하는 것도 중요하지만 사회적 상호작용 역시 중요하며, 이러한 것들이 균형 있게 교육 현장에 녹아 있어야 한다. AI 기술이 친구들과의 대화나 협력의 기회를 감소시켜 사회적 고립감을 느끼게 하지 않도록 오프라인과 온라인의 조화가 필요하다. 따라서 교사는 디지털교과서를 활용하면서도 학생들이 서로 소통하고 협력할 수 있는 학급 분위기를 조성하고, 학생들이 같은 공간에 머무르고 있지만 서로 다른 디지털 공간에서 살아가지 않도록 해야 한다. 내 옆에 있는 친구들이 어떤 감정으로 어떻게 살아가고 있는지 관심을 가지고 타인을 존중하는 삶의 방식으로 디지털 세상에 접속할 수 있어야 한다. AI를 통해 학생들이 전 세계의 다양한 사람들과 연결되어 경험을 확장시키고 배움의 기회를 넓히는 것도 중요하지만, 자기 스스로 어떤 사람인지 돌아보고 모두가 행복하게 살아갈 수 있는 사회정서적 역량을 먼저 갖춰야 할 필요가 있음을 꼭 기억해야 한다.

(3) 공공 코스웨어의 한계 극복

전례 없던 팬데믹을 겪은 대한민국 교육계는 커다란 변화의 기로에 서 있다. 학교 현장은 검증되지 않은 신기술을 교육계로 받아들이는 것에 부담이 있었지만 교육정책을 수립하고 끌어 나가는 교육부나 교육청은 기다릴 시간이 없었다. 준비도 중요했지만 무작정 기다릴 수만은 없었던 교육부는 AI 기반의 공공서비스 전환을 대대적으로 강행했고, 그 대표적인 예를 AI 디지털교과서와 4세대 지능형 NEIS로 볼 수 있다. AI 디지털교과서는 민간 참여와 함께 다각적 논의가 필요한 사업이다. 2025년까지 지속적 개발을 해야 하기 때문에 수많은 시행착오가 있지만, 동시에 부족한 부분은 전문가의 참여와 논의를 통해 개선의 여지가 있다. 다만, 여기서 중요한 것은 과거 2012년도 진행되었던 디지털교과서 사업처럼 서책형 교과서를 단순히 E-book 형태로 옮겨 놓거나 멀티미디어를 제공하는 수준으로 개발되어서는 안 된다는 것이다. 국내외의 다양한 에듀테크 서비스와 연동되고, 학습자의 이력이 지속적으로 누적되는 방식의 LRS 중심으로 통합적인 학습 관리가 가능해야 하며, 이는 4세대 NEIS 서비스나 에듀넷, 위두랑과 같은 기개발된 서비스와도 호환이 되도록 설계되어야 할 것이다.

그리고 디지털 전환과 함께 현장에 도입된 공적 서비스는 2023년 6월 21일 개통된 4세대 지능형 NEIS(National Education Information System)를 NEIS를 들 수 있다. 이는 2002년부터 사용된 교육행정 지원 시스템으로 교육부 산하 17개 시도 교육청, 산하기관과 174개 교육지원청, 1만여 개의 각급 학교를 아우르는 공공 기반의 대형 플랫폼이다. 소통과 협업을 위한 미래형 디지털플랫폼이라는 기조로 정부가 2,800억 원을 들여 구축한 NEIS에 대한 여러 가지 불만은 차치하더라도, 학생의 학습 이력이나 진로 연계, 미래형 교수·학습, 평가 시스템을 연계할 수 있는 부분이 거의 없다. 물론 학부모나 학생이 자신의 성적을 열람할 수는 있지만 이는 이전 버전에서도 가능했던 일이다. 학생의 다양한 정보가 다년간에 걸쳐 축적되고, 이를 분석하여 학생에게 최적화된 정보를 제공하는 것이 AI의 기본적인 알고리즘인데, NEIS에서는 학생의 정보를 수집하는 것이 학적 정보, 교과학습 발달 상황 같은 성적 정보 등 학교생활 정보나 기초 학교정보, 가정통신문 조회와 같이 안내 중심의 서비스에서 그치는 경우가 많다. 정보를 모아 진단하고 분석한다기보다는 추후 발생할 수많은 민원에 대비하기 위한 행정적 아카이브 서비스로 활용되는 것처럼 보인다.

물론 개인정보 유출이나 보안이라는 이유로 인해 웹서비스 자체에 대한 폐쇄성이 높아 학생의 학습 이력을 관리하거나 콘텐츠를 지원할 수 있는 서비스가 NEIS에 연결되기 어렵다는 것은 누구나 익히 알고 있다. 교사들이 개인의 기호에 맞게 다양한 플랫폼이나 에듀테크 및 AI 기반의 교수·학습, 평가 서비스를 통해 학생의 성장과 피드백을 위한 지속적인 기록을 하고 있지만 NEIS에 학생의 정보를 기입하려면 아날로그 방식으로 다시 작성해야 하는 이중고를 겪고 있다. 또한 교육부 산하 또는 교육청 중심으로 개발된 '에듀넷', '기초학력진단평가', '똑똑! 수학탐험대' 등 엄청난 예산을 들여서 만들어 놓은 서비스들이 NEIS 기반의 학습 이력 관리가 안 되다 보니 당해 연도의 서비스로 전락하고 있는 실정이다. 상황이 이렇다 보니 우후죽순으로 AI 기반의 코스웨어나 교수·학습 플랫폼이 교육부나 민간기업 할 것 없이 생겨나고 있지만 정작 교사들은 여전히 디지털과는 동떨어진 자신만의 고유한 기록 방식으로 학생들의 성장을 기록하고 있다. 새로운 디지털 및 AI 서비스의 고도화로 학생들의 다양한 활동을 여러 가지 방식으로 누적하고 있지만, 이는 학생의 총체적인 성장의 과정을 기록하는 방식이 아닌 분절적이고 단편적인 당해 연도의 기록으로 휘발될 가능성이 높은 것이다.

막대한 예산을 들여 만든 AI 디지털교과서와 NEIS가 미래형 디지털 플랫폼이 되려면 우선 AI 기반의 학습 이력 관리 시스템으로서 역할을 할 수 있도록 디지털 원패스를 통한 통합계정관리 시스템을 이용하여 생애주기적 관점으로 접근할 필요가 있다. 유치원에 들어갈 때부터 아이디를 생성해서 고등학교를 졸업할 때까지 차곡차곡 학습 데이터를 쌓아 가면서 이를 분석하고 학생에게 최적화된 교육활동을 추천해 줄 수 있는 것들이 플랫폼 안에 기본 설계가 되어야 한다. 물론 현재 공공서비스도 이러한 AI 기반의 맞춤형 서비스를 위한 지향점을 가지고 개발되었다고 말할 수 있지만 아직 해결해야 할 과제가 산적해 있다. 이를 해결하기 위해 선행되어야 할 중요한 과제가 있는데, 하나는 「개인정보 보호법」이고 데이터 주권과 관련한 학습자 데이터의 소유 문제이다. 학습자 개인 데이터의 유출로 인한 피해를 막기 위해 웹사이트를 폐쇄적으로 운영할 것이 아니라 블록체인 기반의 비식별화 서비스를 활용한다거나 학생들의 데이터를 코드화하여 개개인을 식별할 수 없게 만드는 기술적 도입을 생각해 볼 수 있다.

또한 AI를 교육계에 적극 도입하기 위해서는 거대한 데이터를 학습하고 이를 관리할 수 있는 기술이 필요한데 교육부나 교육청에는 이를 운영할 수 있는 인력과 기술이 부재하다. 결국 민간기업과 협력 체계를 구축해야 하는데, 수많은 학생들의 학습을 통해 학습된 데이터는 민간기업의 독점을 초래할 수 있기 때문에 국가 단위에서 민간기업과 컨소시엄을 맺고 이를 체계적으로 관리함과 동시에 법률 마련을 통한 안정적인 정책 운영이 시급하다.

(4) AI 활용과 소양교육의 조화

AI 교육이 학교 현장으로 들어오는 데 가장 큰 걸림돌은 디지털 기술에 대한 부정적인 사회 인식이다. 코로나19 이전 디지털교과서나 스마트 교육이 시대적 흐름에도 불구하고 학교 현장에 들어오기 어려웠던 이유 는 학부모와 시민단체가 "막대한 예산에 비해 효과가 불투명하다." 또는 "디지털 과몰입이나 사회적 문제 등 각종 위험이 존재한다."고 반대 의견 을 내면서 공감대를 형성하지 못해 소위 얼리어댑터 교사 중심으로 디지 털 교육은 산발적으로 이뤄졌다. 또한 교사 사이에서도 "아직 디지털 기 술을 활용할 수 있는 교육 인프라가 구축되어 있지 않다."는 의견과 인공 지능의 윤리적인 측면에서 문제가 있어 성급한 도입은 어렵다는 것이 일 반적인 견해였다.

하지만 디지털 인프라가 구축되고 AI 기술이 상용화되는 시점에서 학 생들은 기술을 배움에 긍정적으로 활용하고 있는지 살펴봐야 한다. 일부 학생들의 문제라고 말하긴 사회적 파급효과가 큰 사이버 폭력, 온라인 도박, 딥페이크를 활용한 범죄에 학생들은 무분별하게 노출되어 있다. 인터넷 속도와 기술의 활용에 있어서는 세계 최고일지 모르나 디지털 시 민성이나 소양은 어떠한지 반문해 보고 싶다.

사실 우리나라는 이러한 기술 사용에 앞서 소양교육이 체계적으로 이 뤄지지 않고 있다. 교육부, 교육청, 교육부 산하기관, 공공기관, 민간단체 등 다양한 기관에서 각 기관에 맞게 소양교육 자료를 배포하거나 디지 털 및 미디어 관련 교육 시간을 운영할 수 있는 자료를 내보내고 있지만, 현장에서는 교과나 창체 시간을 운영하기에도 빠듯하기 때문에 이런 소 양교육은 문서상으로 진행되는 경우가 많다. 그러다 보니 우리나라 학 생들의 디지털 리터러시 역량은 OECD의 37개국 중 청소년의 디지털 리터러시 역량은 37위, 디지털 리터러시 교육 경험은 35위로 최하위 수준으로 나타났다.

결국, 우리나라 학생들은 우수한 디지털 인프라와 기술, 스마트 디바이스까지 학교에 들어와서 최신의 기술인 AI를 활용하는 방법은 배우지만 그 안에 있는 정보의 진위 여부를 걸러 내고, 어떻게 디지털 세상을 살아가야 하는지에 대한 소양교육은 개인의 몫으로 치부되고 있다. 학생, 학부모, 교사라는 교육 주체는 대학 입시나 상급학교 진학을 위한 주지 교과에 대해서는 중요하게 생각하지만, 교과에 포함되어 있지 않은 디지털 시민교육이나 소양교육은 해도 그만 안 해도 그만인 식이다. 담당 교사가 해당 부분에 관심이나 역량이 높으면 추가적으로 진행하는 보너스 교육의 느낌이 강하다. 미래 사회에는 디지털 기술이 삶의 중요한 부분을 차지하리라는 것은 누구나 예측할 수 있다. 하지만 우리가 학생들의 역량, 즉 활용적인 측면에만 관심을 기울인다면 디지털 기술은 득보다 실이 더 많을 것이다. 국가나 교육청 차원에서 생애주기별 디지털 소양·활용 교육에 대한 프레임워크를 세우고, 해당 시기가 되면 누구나 일정 수준의 소양과 활용 능력을 가질 수 있도록 공감대를 만들고 교육 시스템을 구축해야 한다. 담당자가 바뀌거나 정권이 바뀔 때마다 디지털 리터러시 교육에 대한 개념이나 관점, 방향이 바뀌고 각 기관마다 애매모호한 정의로 인해 학교에 혼선을 주는 일이 없어야 할 것이다. AI를 효과적으로 사용하는 것도 좋지만, 언제 어떻게 사용해야 할지 고민하고 바르게 활용하려는 AI에 대한 소양교육이 전제되어야 한다.

(5) 중장기적인 계획과 체계적인 지원

AI를 활용한 교육의 대변혁 시대는 먼 미래 이야기가 아니다. 이미 영국에서는 민간기업인 '서드 스페이스 러닝'이 개발한 AI 튜터를 이용하고 있다. 이는 일종의 모니터링 시스템이라고 할 수 있는데, 교사가 강의하는 동안 학생이 일정 시간 응답하지 않으면 AI가 학생의 상황을 분석해 담임교사에게 알려 주는 방식이다. 일대 다수의 교실 환경에서 각기 다른 학습 수준의 아이들을 대상으로 맞춤형 교육을 지향하는 미래 교육을 추진함에 있어 한 학급에 2명 이상의 교사가 배치되면 좋지만 현실상 어려운 지점이 많기 때문에 이러한 기술 중심으로 접근하는 것도 한번 생각해 봄직하다. 다만, 디지털 관련 정책이 학교 현장에 자리 잡고 시스템적으로 안정적으로 운영되기 위해서는 꽤 오랜 시간의 완충기가 필요하다.

학교 현장에는 여러 가지 다른 특색이 있고, 이는 지역별·연령별·학교급별·학급별로 천차만별이다. 이러한 상황에서 일원화된 방식으로 정책을 풀어 가면 혼란만 생긴다. 결국 교육활동의 주체인 교사와 학생들이 주도적으로 기술을 받아들이고 활용할 수 있는 문화를 형성해야 한다. 교원의 역량 강화를 위한 체계적이고 전문적인 교원 연수를 집중 실시하고, 전반적인 디지털 전환을 위한 사회·문화·경제적인 지역 차나 학교별 특색에 따라 적용할 수 있는 방식에 차이를 두고 접근해야 할 것이다. 이를 위한 중장기적인 방안이 필요하다. 단발적인 기능형 연수보다는 전문적 학습공동체와 같이 생활 속에서 끊임없이 소통하고 불편한 부분을 개선하는 방식의 생활형 연수 형태를 접목시켜야 할 것이다. 또한 AI 코스웨어나 에듀테크, 디지털 플랫폼을 주도적으로 운영·관리하고 효과적인 예산 지원과 전문적인 역량을 지닌 인적자원을 배치하여 시대의 흐름에 유연하게 대처할 수 있는 지원 체계를 구축해야 한다.

미래 교육을 구현하는
교사 대상 '사내 대학원' 도입

정영현

1. 교사의 전문성과 교사자격체제

"우리나라는 교사 지원자의 수준은 외국에 비해 우수하지만 교원 양
성 과정의 교육과정이 현장의 수요를 충분히 반영하지 못하고 있다. 현
재의 방만한 체제를 정비하고 효율적인 시스템을 만드는 것이 정부가
해야 할 일이다."

이 말이 언제 나왔을 것이라고 보는가? 바로 2004년 교육부 교원양
성연수과 과장이 교원 양성 체제 개편 종합방안에 대해 '두 마리 토끼
를 잡을 수 있는 방안'이라고 설명하면서 대한민국 정책브리핑에서 발
표한 내용이다.[91] 10년이면 강산이 변한다는데 20년이 지난 2024년에
도 그 양상은 다소 변화된 것이 없어 보인다. 2024년 1월에도 교육부는
올해 상반기 내에 "교원 양성·자격·연수 전면 개편과 함께 폐지 여론이

---

91   대한민국 정책브리핑(2004.11.22.)

비등했던 교원평가를 기존의 업적평가에서 역량평가로 전환"할 것임을 선언했다.[92] 아울러 교육부는 지난해부터 운영해 온 교원역량혁신 추진 위원회에서 논의한 수습교사제(인턴), 선임교사제(자격체제 개편) 등의 연구 결과를 토대로 교사 역량혁신 지원 방안을 수립할 예정이라고 밝혔다. 20년 전과 달라진 것은 과거 정부는 양성 체제 개편만을 밝혔지만 20년이 지난 지금 양성·자격·연수 체제의 개편을 본격적으로 언급하고 있다는 점이다. 실제로 OECD는 우수교사(effective teacher)의 유입(attraction)과 계발(developing), 보유(retaining)를 위해 직전교육(preparation)부터 임용(recruitment)과 직무(work) 및 경력(career) 단계가 유기적으로 연계되는 관계임을 강조한 바 있다.[93]

그러나 미래 교육 환경 변화의 속도가 4차 산업혁명과 코로나19 등의 외부 요인에 의해 급격하게 빨라지고 있음에도 현재 우리나라의 교사자격체제는 이를 따라가지 못하고 있는 실정이다. 이는 광복 이후부터 유지된 원활한 교원의 수요와 공급 중심에만 초점이 맞춰 있기 때문이다. 이에 교사의 전문성을 신장하기 위한 성장 체제가 부재하다는 한계가 계속해 지적되고 있다. 실제로 우리나라의 교사자격제도는 1949년 12월 31일 「교육법」이 제정되어 각급 학교 교원의 종류와 직무 및 자격제도에 관한 사항이 제시된 이후 1953년 「교육공무원법」에서 교육공무원으로서 교사자격의 기본 틀을 구체적으로 갖추었고, 1964년에 「교원자격검정령」이 제정되면서 상세 내용이 규정되었으며, 현재까지 일부 개

92 장재훈, "교원 양성·자격·연수 전면 개편… 교원평가, 업적→역량평가 전환", 에듀프레스(2024.1.24.)
93 OECD (2005). Teachers matter: Attracting, developing and retaining effective teachers. Paris, France: OECD.

정이 반복되며 유지되고 있는 형태이다. 그러나 전문성 함양을 표방한 본래 개정 목적과 달리 핵심적인 자격제도의 변화는 나타나고 있지 않으며, 특히 우리나라의 교사자격은 수요와 공급의 조절에 초점을 맞추는 수급 조절과 자격이 표시하는 능력의 관점 중 후자보다 전자인 수급 조절에 초점을 맞췄다고 지적된다.

2. 현 상황

사실 교사자격체제 개편에 대한 논의는 1980년대 초반부터 시작된 바 있다. 그러나 칼날같이 떨어지는 학령인구(통계청이 2021년 12월에 발표한 장래인구 추계자료에 의하면 고등학교 학령인구인 만 15~17세는 2020년 139만 명에서 2030년 95만 명으로 10년 새에 약 31.9%가 감소할 예정)와 이에 대응해 감축되는 교원 신규 채용 규모(초등교원의 최대 신규 채용 규모는 2024년 3,561명에서 2024~2025년 3,200~2,900명 내외로 감소, 이후 2026~2027년에는 2,900~2,600명 내외로 감소 예측됨)[94]는 개편이라는 거시적인 관점을 논하기 어렵게 하고 있다. 교원 양성·자격·연수 체제의 총체적 개편에는 관련 종사자 등 누군가의 밥그릇도 달려 있고, 당장 자신의 이득을 포기해야 하거나 아직 가보지 않은 길을 걸어야 한다는 두려움에 떨게 만드는 것이다. 양성 단계에서 AI와 디지털 등 미래 교육 흐름을 반영한 현장실습교육을 강조하고, 자격체제에서 승진체제를 개편하고, 기존의 '2급 정교사—1급 정교

---

94 장재훈, "교원 신규 채용 감축… 2027년 초등 2900~2600명, 중등 4000~3500명 선발", 에듀프레스 (2023.4.24.)

사' 이후 일부 수석교사나 교감, 교장 등을 제외하면 대부분 1급 정교사에 머물러 있는 현실을 개편해 선임교사제를 신설하자는 것 등은 새로운 목소리는 아니다. 과거 산업화 시기에는 관료화된 교육계의 풍토와 승진 경쟁 및 스승을 존경하는 문화로 교사들이 헌신한 바 있다. 그러나 현재 다수의 교사는 교육 현장에서 행정업무 과중 및 학교폭력 등의 업무 수행으로 높은 스트레스를 겪고 있고, 이로 인한 번아웃의 위험에 처해 있다. 이에 대다수의 교사는 승진하지 않고 1급 정교사로서 20년 이상 머물러 있어 전문성 개발의 내적 동기를 상실한 상태로 자기효능감 저하 상태에 놓여 있는 문제점도 지적되고 있다.

현재 교사들은 분절적으로 교육부, 시도 교육청 산하나 사설 연수원에서 직무연수를 듣고, 자격연수는 1급 정교사로 머물러 있는 경우 생애 1회, 수석교사나 교감·교장, 교육전문직의 경우 그 이상을 받게 된다. 이외 자기계발의 욕구가 있는 경우에 교육대학원이나 일반대학원에 진학하여 교직과 병행하며 학위를 취득하기도 한다. 그러나 대학원 파견의 경우 그 수가 한정적이고, 파견이 아닐 경우 근무 시간 이후에 야간이나 방학에 계절제로 진학해야 하여 체력 소진이 발생되는 문제가 있다. 일반대학원은 보통 주간에 진행되기 때문에 근무 시간에 수업 후 조퇴를 해야 하므로 일과 학업을 병행하기가 쉽지 않다. 실제로 OECD에서 실시하는 교원 및 교직 환경 국제 비교 연구인 TALIS 2018 조사에 따르면 한국 교사의 경우 최종 학위가 학사인 경우는 62.3%, 석사인 비율은 36.6%, 박사학위 소지자는 1.0%였다.[95] 즉, 개별적으로 자기계발을 하

---

95 OECD(2019). Chapter 4 Attracting and effectively preparing candidates, <Table I.4.8 Teachers' highest educational attainment> 재구성 (https://doi.org/10.1787/888933933083)

고 싶은 욕구가 있는 개인이 모여 있다고 볼 수 있는 곳이 교직이다. 이에 이제 각개전투하는 것보다 교사도 미래 교육의 흐름을 대비하고 싶다면 역량 강화를 제도적 차원에서 전면적으로 대비해 줄 필요가 있다. 평생교육의 시대에 기업이 필요로 하는 교육 과목을 중심으로 운영하는 '사내 대학원'을 도입하고, 평생학습 활성화를 위한 '평생학습계좌제'를 교직에도 적용해 보는 것이 그 대안이 될 수 있다. 이는 공교육에 대한 학부모의 불신 해소 및 교사 본인의 자기계발 욕구 해소 등 다양한 니즈를 충족시키기 위해 적합할 수 있다고 본다.

3. 발상의 전환

실제로 대기업에서도 사내 대학원을 설립하는 길이 열렸다. 한 국회의원은 2023년 5월 '첨단산업 인재혁신 특별법'을 발의하여 2024년 1월 제정되었다. 반도체·배터리·바이오와 같은 첨단산업 분야에서 기업이 사내 대학원을 만들고 인력을 직접 육성할 수 있도록 근거가 마련된 것이다.[96] 이는 기존 대학 교육의 변화를 기다리기에는 기술 변화 속도를 따라잡기가 어렵다는 판단에 따른 것으로, 해당 법안은 현재는 2027년 1월까지만 효력을 가지는 한시 조항이다.[97] 본 법이 통과됨에 따라 사내와 산업계 및 대학 협력의 다각적 기반이 마련되어, 기존의 사내 대학이

---

96   조재희, "대기업, 사내 대학원 설립 길 열린다…필요 인력 자체 양성 확대", 조선일보(2023.5.31.)

97   2024년 10월 국회 교육위원회 소속 김대식 국민의힘 의원이 기업 내 사내 대학원의 설치·운영 근거를 마련하는 '평생교육법 일부개정법률안'(사내대학원 법안)을 대표 발의했다.

학사학위만을 인정하던 것에서 석·박사까지 허용하게 되었으며, 기업인 재개발기관을 지정하여 기업의 부설 교육기관을 지정하고 지원하게 되었다.

사내 대학은 평생교육의 테두리에 속한다. 산업구조의 변화에 따른 사회적 요구에 따라 1995년 대통령자문기구인 교육개혁위원회에는 5·31 교육개혁안을 발표하였고, 열린교육 사회와 평생학습사회를 구축할 것을 제안한 바 있다. 이후 1982년에 제정된 「사회교육법」을 1999년 전부 개정하여 「평생교육법」으로 대체 제정하였고, 이 법이 발효되는 2000년부터 한국의 평생학습 정책이 국가적 차원에서 체계적으로 추진되기 시작한 것이다. 2002년부터 5년마다 수립된 평생교육진흥 기본계획은 당시의 시대상을 반영하여 계획된 국가 차원의 평생교육정책 기본 방향으로 정부별 평생교육정책의 핵심적 내용이 포함되어 왔다.[98]

평생교육은 교육의 마당이 사회이기 때문에 '사회교육'이라고 하며, 수혜자가 주로 성인이기 때문에 '성인교육'이라고도 하고, 학교를 졸업한 후 계속 받는 교육이기 때문에 '계속교육'이라고도 한다. 또는 평생 동안 받는 교육이라 하여 '평생교육'이라고도 한다. 사내 대학이란 산업체에서 급격히 변화하는 경영·기술 환경에 적응하기 위해서 소속 근로자를 학생으로 하여 설립·운영하는 자체적인 고등교육기관이라고 할 수 있으며, 1990년대 핵심기술 인력의 양성을 위해 학술·이론 지향적인 정규 대학과 산업 현장에서 연구·개발을 위한 현장 적응 위주의 기업 기

---

98 이경호, 조대연, 장은하(2023). 평생교육진흥 기본계획 비교·분석 연구: 평생교육진흥 기본계획 수립에 주는 시사점을 중심으로. 한국교육학연구(구 안암교육학연구), 29(1), 77–106.

술교육의 상호보완 필요성으로 만들어졌다.[99]

현재 산업체 소속의 대학은 「평생교육법」을 근거로 교육부 인가로 운영되는 '사내 대학'(8개), 「고등교육법」을 근거로 교육부 인가로 운영되는 '기술대학'(정석대학 1개), 「조세특례제한법」을 근거로 교육부 승인으로 운영되는 '사내 기술대학'(없음), 「고용보험법」을 근거로 고용노동부의 주관에 의해 운영되는 '기업대학'(기업연수원 다수)의 네 가지 종류가 존재한다. 이 중 살펴 볼 사내 대학은 「평생교육법」 제32조 제1항에 의해 설립·운영된다. 현재 사내 대학 설립·운영에 대한 엄격한 규제와 정규 교육기관 대비 차별적인 인식으로 인해 8개 대기업의 사내 대학만 운영되고 있다. 바로 삼성전자 공과대학(학사 3년), 삼성중공업 공과대학(전문학사 2년), SPC 식품과학대학(전문학사 2년), 대우조선해양 공과대학(전문학사 2년), 현대중공업 공과대학(전문학사 2년), LH 토지주택대학(학사 4년), KDB 금융대학(학사 4년), 포스코 기술대학(전문학사 2년)이다. 기존까지는 학사 혹은 전문학사만 운영되어왔으나 이제 「첨단산업 인재혁신 특별법」이 본격 시행되면서 석·박사 학위과정도 사내 대학에서 운영할 수 있게 되었다.

그런데 기업이 왜 기존의 교육부서의 명칭을 따지 않고 '대학'이라는 이름을 조직에 붙였는지 바라볼 필요가 있다. 기존에 교육부서는 훈련의 이미지, 강의실 환경 수업, 기술 기반 등이 강조되었다면, 대학은 학습 차원의 이미지, 다양한 수업 환경(가상, 웹 기반, 원격), 무형적(리더십, 창의, 문

99 김형주(1999). 사내 대학의 발생 과정과 대학평가 체제에서의 의의. 한국교육학연구(구 안암교육학연구), 5(1,2), 141–153.

제해결) 기술 개발 등이 강조되었다고 볼 수 있다.[100]

갈수록 변화 속도가 빨라지는 미래 사회에 현 교육대학, 사범대학 체제 개편은 필수적이다. 이 체제 개편에 포함되어야 할 것이 현 교사의 재교육을 교육대학 소속 교육대학원, 사범대학 소속 교육대학원 등 다양한 교육대학원에서 분절적으로 교육을 받는 것보다 교육청 거점 권역별 사내 대학원을 기존 대학 시스템과 연계하고 산업계와 협력해서 만드는 것이다. 이를 통해 평생학습 시대에 의미 있는 교사 재교육이 될 수 있을 것이다.

교직에서도 미래 교육이 초등에서부터 들어오고 있어 AI, 메타버스 등이 화두이고 교육과정이나 수업차시 속에도 들어오고 있다. 그러나 적절한 강사가 없어 교육청 예산으로 외부 강사를 부르거나, 해당 수업이 가능한 강사가 있더라도 매우 희소하다. AI뿐만이 아니라 학생들의 꿈과 끼를 향상시키기 위한 문화예술체육 활동인 음악 및 미술, 뮤지컬이나 연극, 체육도 그러하다. 교과교육학, 교육학 등 다양한 분야에 대해 체계적으로 사내 대학원, 즉 교사 대학원에서 산업계, 대학과 협력해 체계적이고 주기적으로 재교육을 받고, 그 과정과 결과가 전부 학점과 학위로 기록되고 증명된다면 유용하지 않다고 할 수 없다.

실제 요즘 기업에서도 의대 쏠림과 이공계 기피로 인해 인력난에 시달리고 있는 실정인데, 이에 고급 인재 육성을 위해 사내 대학을 강화하

---

100 김환식, 김호동(2002). 사내 대학, 사내 기술대학 및 기술대학의 운영 실태 및 개선 방안. 한국직업능력개발원. 기본연구 02-5.

고 있다.[101] 현업에서 필요로 하는 전문성을 갖출 수 있게 직접 가르치는 방식을 택한 것이다. 교수진, 커리큘럼을 보강해 사내 대학 수준을 업그레이드하거나 정식 대학원 추진으로 위상을 높이려는 기업도 있다. 삼성전자 사내 대학인 삼성전자공과대(SSIT)는 2020년 교수진이 3명에 불과했지만 2024년이 현재 31명으로 10배가량 늘었다. 외부에서 초빙하는 식으로는 한계가 있다고 보고 현장에서 실무 역량을 갖춘 내부 전문가로 교수진을 정비한 것이다. 이 대학의 한 석좌교수는 올해로 삼성에 입사한 지 40년이 됐다고 한 언론 보도에서 밝혔다. 이들은 기존 교과 과정을 전면 검토한 뒤 최신 기술을 반영할 수 있게 교과목 제목과 내용을 뜯어고쳤다. 삼성만 그럴까? SK하이닉스는 2017년부터 기술사무직을 대상으로 사내 대학(SKHU)을 운영하고 있다. 입사 후 자동으로 사내 대학에 입학하는 구조로 8년 동안 50학점을 채워야 한다. D 램, 낸드, 제조·기술 등 각 분야마다 세부 전공(240개)이 따로 있다. SK하이닉스 전직 임원과 현업 전문가들이 강사·교수로 활동하면서 후배들에게 기술 노하우를 전수해 주는 식이다. LG도 2021년 'LG 인공지능(AI) 대학원'을 시범 운영한 뒤 2022년부터 LG 주요 계열사 임직원 대상으로 석·박사 과정을 운영하고 있다. 내부 학위 과정을 밟은 뒤 현업으로 돌아가 AI 프로젝트를 맡는 식이다. 현재 11명이 석·박사 과정을 밟고 있는데 이르면 올해 '1호 박사'가 탄생할 것으로 보인다.

　이처럼 기업에서는 인재 육성을 위해 사내 대학과 대학원에 힘을 쏟고 있다. 교직계는 어떠한가? 교대나 사범대의 교수진을 살펴보면 현장

101　김헌주, "귀하신 이공계 인재 키우자… 사내 대학에 힘 쏟는 기업들", 서울신문(2024.3.26.)

경험을 쌓지 않고 이론적 배경이 풍부한 교수진이 있는 경우가 많다. 현장 배경을 일정 부분 갖춘 이들을 교수진으로 정비하고, 현장 교사도 필요하다면 수석교사나 장학사, 교감·교장뿐만이 아니라 교육청 내에서 교수로 나갈 수 있는 통로를 열어 주는 것도 필요하다고 본다. 현재는 연수원 강사 인력풀 정도만 모집하고 있을 뿐이다.

교육의 질은 교사의 질을 넘을 수 없다고 한다. 학령인구 감소에 날이 갈수록 교직 비선호 현상이 목격되고 있다. 젊은 공무원 층에서는 박봉, 조직문화, 민원 증대로 퇴사가 심해지고 있는데 교직도 그렇지 않다고 할 수 없다. 질 높고 우수한 교원이 교수할 때 질 높은 교육이 달성될 수 있지 않을까? 그렇다면 교육부나 교육청에서 체계적으로 교원 재교육 체제를 구축해 행정적·재정적인 지원을 해 줄 필요가 있다. 인재는 저절로 양성되지 않는다.

4. 인사가 만사다

3,000여 년 전이나 지금이나 변하지 않는 인재 경영의 철칙이 있다고 한다. '관포지교'의 주인공으로 알려진 관중(管仲)은 40여 년 동안 제나라 재상을 지내며 정치·경제 등 대대적인 개혁을 성공으로 이끌었고, 환공(桓公)이 춘추 5패 중 가장 먼저 패업을 달성하는 데 크게 이바지했다. 환공은 포숙아(鮑叔牙)의 요청으로 자신을 죽이려 했던 관중을 재상으로 받아들인 후 기회가 될 때마다 그에게 자신이 천하의 패주가 될 수 있겠냐고 물었다. 그때마다 관중은 얼마든지 가능하다고 했다. 환공이 그 방

법을 묻자 관중은 이렇게 말했다고 한다.

천하의 패주가 되려면 네 가지를 반드시 갖춰야 합니다.

첫째, 지인(知人), 즉 사람을 알아야 합니다. 인재와 범재를 구분하지 못하면 패주가 될 수 없습니다.

둘째, 용인(用人), 즉 사람을 안 뒤에는 바르게 쓸 줄 알아야 합니다. 그가 어떤 능력을 지니고 있는지 알아서 역량을 발휘하게 하는 것이 군주의 역할입니다.

셋째, 중용(重用), 즉 사람을 쓰되, 그냥 쓰지 말고 능력에 맞춰 소중하게 써야 합니다. 모든 사람은 저마다 능력이 다르기에 그릇 역시 제각기 다르게 마련입니다. 그것을 잘 헤아리는 군주만이 패주가 될 수 있습니다.

넷째, 위임(委任), 즉 사람을 썼으면 절대 의심하지 말고 믿고 맡겨야 합니다. 의심하려면 처음부터 쓰지 않는 것이 옳습니다.

교직에서도 인사행정을 할 때 이를 참고한다면 갈수록 역량이 뛰어난 인재가 교육계에 오려고 할 것이며, 나가지 않으려고 할 것이다. 그리고 그 결실은 학생에게 돌아갈 것이며, 결국 우리나라의 국력으로 돌아오게 될 것이다.

미래 교육 대비를 위해
교직계에 평생학습계좌제 도입

정영현

1. 평생교육과 학습사회

평생교육과 평생학습에 대해 우리는 언제부터 관심을 가져왔을까? 사실 저출산, 고령화가 최근 몇 년 언론 보도에서 기사화되기 시작한 2020년경(사망자가 출생자를 앞지르기 시작한 데드크로스 현상 발생)인 것 같지만 그 이전부터 평생학습이란 용어는 정책적으로도 우리와 함께 있었다. 우리나라 교육 시스템은 생애 초기에 집중되어 온 것이 사실이다. 그러나 평생학습 시대는 미래에 대한 불안과 함께 우리 곁에 다가왔다. 실제로 정부에서는 제5차 평생교육진흥 기본계획(2003-2007년)을 진행 중이다.

2021년 통계청 예측에 따르면, 우리나라는 2025년 국민의 80%가 25세 이상 성인으로 구성될 것으로 예상된다. 2020년 잡코리아의 통계 조사에 따르면, 자기계발의 필요성을 느끼는 직장인의 비율이 95%나 되고, 강박감을 느끼는 비율은 36%나 된다고 한다. 이에 인재 양성 대상을 과거 초중등 및 고등교육의 학령인구에서 성인까지 폭넓게 확장해야 하고, 무엇보다 교육정책의 패러다임 전환이 절실하다. 유네스코가 '세계교육의 해'(1970년)를 맞이하여 국제교육발전위원회를 만들어 교육개혁을 위한 보고서를 의뢰하였고, 그 결과물인《존재하기 위한 학습(Learning To be)》을 발간하였다. 일명 '포르 보고서'로 불리는 이 보고서는 학교교육의 지향점으로 평생교육(Lifelong Education)과 학습사회(Lerning Society)를 핵심 키워드로 내세웠는데, 이 키워드는 학계나 정책 용어로 회자되어 오곤 했다.

그런데 이제 진실로 평생교육의 시대가 도래한 것이다. AI의 발달 등으로 이제는 학교에서 배운 지식만으로는 충분히 살아가기가 어렵고, 꾸준히 리스킬링(reskilling)과 업스킬링(upskilling)을 해야 하는 시대가 된 것이다. 세계경제포럼 또한 2025년까지 전 세계 근로자의 50%가 재교육이 필요하다고 강조했으며, 적극적인 학습을 미래 핵심역량으로 손꼽았다. 이러한 사회 변화는 하나의 흐름으로 이어진다. 우리는 이제 "더 많은 학습이 필요하다."

2. 학습사회와 학습활동의 인정

실제로 학습은 인류의 역사와 함께해 왔다. 학습사회라는 개념이 낯설다고 볼 수 있지만, 학습사회는 지식사회의 또 다른 이름이자 진보된 단계라고 할 수 있다. 학습이 지식을 생산하는 과정이라고 본다면, 학습을 통해 인적자원을 개발하고 민주주의나 자본주의의 다양한 시스템을 구축하기도 한다. 평생학습사회는 인간의 학습이 인생 초기에 끝나지 않고 평생에 걸쳐 이루어지는 사회라고 할 수 있다. 평생학습사회는 겉으로 보기엔 교육 기간이 길어지고, 교육이 이루어지는 장면이 학교 외 직장이나 동아리 등으로 다양화되었다는 것을 추측할 수 있다. 그러나 이는 총체적인 시스템의 변화를 요구한다. 즉, 학습의 목적과 내용, 방법이 모두 달라져야만 하는 문제와 관련이 있는 것으로 생애교육 비용의 투자와 배분, 교육 기회의 확보, 연령별 학습 내용과 방법의 연결, 교육 기회와 직업 이동의 연결, 학습과 일생생활의 균형 맞추기 등이 대두된다. 우리는 학습사회를 떠올릴 때 학습을 많이, 양적으로 하는 것으로만 떠올릴 수 있지만, 오히려 학습 기회가 분배되는 것, 과정이 관리되는 것, 결과가 인증되는 것이 어떻게 현 사회 체제와 유기적으로 연결되고 선순환 체제를 갖출 수 있을지에 대한 고민이 필요하다.

학습사회에서 학습이란 하나의 삶의 양식이 된다. 사회적으로 규정하고 관리하며 재생산하는 기제는 '사회적 학습관리양식'이라 부를 수 있다. 한승희(2010)는 학습활동, 학습생활 및 학습생애, 학습체제로써 학습사회가 미시-중간-거시 차원으로 구현된다고 한다. 학습활동은 학습의 기본 단위로, 학교 차원을 넘어선 학습활동의 인정 방식은 평생학습의 핵심 영역이다. 학습은 특정 교육기관(형식학습, 비형식학습)에서만 일어나지 않으며, 어느 경우에서든 일어날 수 있다(무형식학습).

3. 미래 교육 대비를 위해 평생교육 관점에서
교직계에 평생학습계좌제 도입

실제 우리나라에서는 평생학습을 통해 축적한 개인의 지식, 자격, 업적을 학습자 중심으로 기록하고 활용할 수 있는 학습자 이력 관리 방안으로 '평생학습계좌제'를 운영하고 있다. 평생학습계좌제는 「평생교육법」 제23조에 의해 국민의 다양한 학습 경험을 개인별 학습계좌인 학습이력 관리 시스템에 누적·관리하고, 그 결과를 학력·자격 등 사회적으로 활용하여 각종 이력이나 경력 증빙자료로 활용할 수 있게 도모하는 제도이다. 이는 세 가지 목적에서 필요하다고 할 수 있다.

첫째, 학습 설계 및 관리를 통해 한 개인의 전 생애 학습 경험에 대한 성찰 및 통찰을 가능하게 한다는 점이다.

둘째, 일정한 질적 수준을 담보하는 평생교육 프로그램을 국가가 평가(평가인정)하고 관리하며, 이에 대한 학습자의 신뢰 제고와 학습 선택권을 다양화한다는 점이다.

셋째, 개인의 다양한 학습 경험(평가인정 학습과정 이수, 자격, 경력, 자원봉사 등)을 평생학습계좌에 등록하고 이수 결과를 사회적으로 인정 및 활용한다는 점이다.

평생학습계좌제

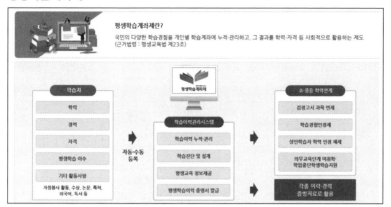

출처 : 평생학습계좌제 홈페이지 제도 소개

연도별 학습계좌 개설 현황

							(2023. 12. 31. 기준 / 단위: 명)
연도	2010-2018	2019	2020	2021	2022	2023	계
개설자 수	77,859	19,135	325,365	42,640	53,600	77,112	595,711

출처: 국가평생교육진흥원(2023). 내부 자료.

출처 : 국가평생교육진흥원 〈2023 평생교육백서〉

연령별·직업군에 따른 학습계좌 개설 현황

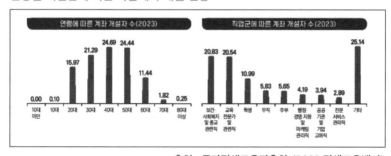

출처 : 국가평생교육진흥원 〈2023 평생교육백서〉

연도별 학습 이력 등록 현황

연도	학습 이력 등록 합계	구분				
		학력	자격	경력	평생학습 이수	기타
2010~2018년	268,610	32,306	21,519	22,640	154,258	37,887
2019년	89,083	3,815	2,974	2,762	75,370	4,162
2020년	497,127	4,385	3,067	3,136	483,162	3,377
2021년	113,269	2,805	2,490	1,441	103,952	2,581
2022년	113,438	2,579	2,647	1,849	104,688	1,675
2023년	138,360	2,218	2,540	1,972	129,937	1,693
계	1,219,887	48,108	35,237	33,800	1,051,367	51,375

출처 : 국가평생교육진흥원 〈2023 평생교육백서〉

이를 교직 장면에서도 적용하여 교사 개개인의 평생학습을 도모한다는 측면에서 관리할 수 있을 것이다. 이것이 도입된다면 교사 개인에게는 체계적인 학습 설계 도모, 학습 이력 통합 관리, 평생교육 참여 활성화가 가능하다. 지역사회에서는 지역의 인적자원인 교사의 관리·개발 도모, 지역 내 교사 혹은 교육기관 네트워킹 및 파트너십 확대가 가능하며, 국가 차원에서는 열린 평생학습 국가 조성, 미래 인적자원을 양성하는 교사의 질 향상, 교사의 평생학습 지원체제 구축 등을 가능하게 할 수 있다. 학습 이력에는 학력, 경력, 자격, 평생학습 이수, 그외 기타 활동 사항인 수상, 해외 경험, 논문 및 기고, 독서나 자원봉사 및 취미와 동아리 활동 등을 기록할 수 있다. 이를 통해 교사도 꾸준히 학습 경험을 누적하면서 학습계좌를 관리하고 이력을 쌓는 경험을 하게 되고, 그 이력으로 교육청이나 학교, 외부 기관 등에서 강의 요청이 왔을 때 필요한 곳에 쓸 수 있을 것이다.

이러한 평생학습계좌제는 형식교육 주도로 이뤄지는 현재 인정체제의 한계를 극복할 수 있다. 형식교육이 '기관 단위 학습 인증'의 형태를 특징으로 한다면 비형식교육은 '프로그램 단위 학습 인증'을 특징으로 한다. 즉, 형식교육이 초등학교, 중학교, 고등학교 등의 기관 단위에 따라 학습이 조직되고, '중퇴'란 별 의미를 가지지 못하는 반면, 비형식교육의 경우 수강한 프로그램 단위로 수료증이 부여되고 자격이 인증되는 등 형식교육보다 훨씬 탄력적인 학습 관리가 가능하다. 또한, 학교 주도 형식교육이 일반능력의 획득과 그 수직적 계열화를 목적으로 조직화되었다면, 비형식교육은 다양한 지식 영역의 수평적 선택이 가능하도록 조직화되는 특징을 가진다. 즉, 형식교육의 목적은 인간의 일반능력을 발달시키는 데 있다면, 비형식교육은 무수히 많은 지식 영역과 전문성을 다양한 기제를 통해 제공하는 특징을 가진다. 평생학습계좌제는 이러한 비형식교육의 인증 경험을 누적하게 함으로써 개인의 학습 경험이 역량(competence)—자격(qualification) 대응 체제를 중심으로 이루어지는 것을 가능하게 한다.

향후 노동시장은 전일제 고용에 비해 빈번한 경력 이동이 일반화될 것이며, 잦은 경력 이동과 직장 변화는 새로운 지식체계에 대해 신속한 학습을 요구하게 한다. 이러한 때 형식교육을 통한 일반교육의 수직 이동(학력 상승)보다는 새로운 지식 영역에 대한 수평적 이동(전문영역 이동)이 필요한 시점이다. 이에 프로그램을 단위로 하는 다양한 지식시장에서의 학습 공급과 구매에 대한 체계화 및 학습인정 문제가 핵심 쟁점으로 떠오를 가능성이 있다. 프로그램 단위를 중심으로 하는 학습 관리 체제는 학점, 학기, 학년 등의 학사 관리 체계 및 다년간 교육을 통한 졸업이라는 형식교육과 구분될 수밖에 없다. 이 과정에서 '역량-학습활동 단위-교육 프로그램-학습 결과 인정'과 자격이라는 요소들이 서로 연동하게 되는데, 이 학습 결과 인정에서 평생학습계좌제가 역할을 하게 되는 것이다.

더불어 최근 평생교육에서는 일터에서의 학습과 병행 체제 구축, 정규 교육기관을 활용한 평생교육 활성화 사업 등 성인 학습자의 일터에서의 경험을 학점으로 인정하는 '학습경험인정제도'에 대한 정책적 관심이 증대되고 있다. 학습경험인정제도는 학습자가 과거의 경험을 기반으로 얻은 지식과 기술을 학위나 자격증의 일부로 인정받을 수 있는 제도로, 대학에서 성인 학습자를 받아들이는 대표적인 제도 중 하나이다. 현재 우리나라에서는 해당 제도의 도입 초기 단계로「고등교육법」제23조 (학점의 인정 등) 제1항 제6호(국내외의 다른 학교·연구기관 또는 산업체 등에서 학습·연구·실습한 사실이 인정되거나 산업체에서 근무한 사실이 인정되는 경우)에 기반하여 시범 운영 대학을 중심으로 운영 체제를 구축하고 있다. 더불어 교육부가 발표한 '평생학습 진흥방안 5개년 계획'에 따르면 2026년 재직 경력을 국가에서 학점 및 학위로 인정하는 국가 학습경험인정제 도입을 계획 중에 있다. 그러나 일반적으로 제도는 평가의 전문성, 학생과 여러 이해관계자의 이해, 학습 경험에 대한 전문성을 갖고 제 역할을 수행해야 현장에 정착될 수 있다. 관련해 프랑스에서는 경험학습인증제(VAE, Validation des Acquis de l' Expérienc)를 운영하여 경험으로부터의 지식에 근거해서 부분 자격이 아닌 하나의 완전한 자격으로 부여할 수 있도록 2022년부터 관련 법인 '사회현대화법'을 통과시키며 본격적으로 제도화시키고 있다. 우리나라도 성인 학습자의 학교 밖 교육 경험을 학점으로 인정하는 학점은행제도를 운영해 왔으며, 직업계 고등학교 학생들의 근로 경험을 대학 입학의 조건으로 인정해 주는 선취업·후학습 제도, 학습경험인정제도(RPL, Recognition of Prior Learning)를 운영하는 등 사전의 경험을 대학 입학 또는 과정에 활용하는 기존 교육정책이 있다.

이러한 정책은 성인 학습자에게 교육 시스템의 유연성을 부여하는 역할을 하였지만, 학점은행제도의 경우 학위나 자격 취득을 위한 학점을 이동시킴으로써 국내 대학들과 교육기관마다 학점을 산정하는 방식이 다르기에 일관성 있게 표준화가 어렵다는 한계가 있다. 더불어 선취업·후학습 제도는 선취업 과정을 이수한 후 일정 기간 동안 실무에서 근무해야 하므로 실무에 종사하는 동안 학업을 미뤄야 하는 한계점이 있으며, 학습경험인정제도는 주로 교육 경험으로 얻어지는 능력을 인정한다는 한계가 있다. 이러한 정책 및 제도의 한계를 보완하고자 직장에서의 업무 경험을 학위 및 학점으로 인정하여, 성인의 평생학습 기회를 제공하고자 국가 학습경험인정제도 도입 필요성이 제기되고 있는 상황이다.

4. 평생교육 진흥은 헌법이 추구하는 가치

학령인구 감소 및 저출산, 고령화로 인한 인구 위기는 더욱 심각해질 것으로 예상된다. 이제 유·초·중등교육과 평생교육의 엄밀한 분리가 근본적으로 필요한지에 대해 의문을 제기한다. 현재는 교육부의 예산 중 1%가 평생교육에 쓰이지만, 통계청의 2021년 자료에 의하면 2025년에 이르면 인구의 80.4%가 만 25세 이상으로 예측되는 바이기에 평생교육에 대한 비중이 더 늘어날 것이라고 본다. 이러한 상황에서 유·초·중등 교육계에 속하는 교원 정책도 평생교육 정책과 궤를 같이해서 범정부 차원적인 협력을 할 필요가 있다. 아울러 2021년 교육부 통계에 따르면 대졸 이상은 40.3%, 중졸 이하는 15.6% 평생학습 참여율을 보이고 있기에 갈수록 평생학습에 관한 참여는 높아질 것으로 예상된다.

또한 「헌법」 제31조 제5항 "국가는 평생교육을 진흥하여야 한다."에 의해 국민의 평생에 걸친 역량 개발을 위한 교육권 보장은 「헌법」이 추구하는 가치로서, 모든 「헌법」 조문 중 유일하게 '진흥'이란 단어를 평생교육에 쓰고 있어 그 중요성과 국가의 역할을 강조하고 있다.

사람은 교육을 통해 계속 성장한다. 평생학습사회의 진정한 가치는 정책으로서 구현될 수 있고, 그 정책의 적용은 교원에게도 예외가 아니어야만 한다. 결국 교원에게 뿌린 평생교육의 씨앗은 학생들에게도 결실이 되어 돌아오게 될 것이다.

참고문헌

들어가는 글

- 경기도교육청(2024). 2024 안전한 현장체험학습 운영지침. 경기도 교육청 융합교육정책과.
- 김성천(2018). 혁신학교 정책의 여섯 가지 차원의 딜레마. 교육문화 연구 24(2), 33-56.
- 김성천, 신범철, 홍섭근(2021). 교육자치 시대의 인사제도혁신. 테크 빌교육.
- 김용련, 양병찬, 황준성, 유경훈, 홍지오, 정바울, 김성천(2021). 지속 가능한 교육청-지자체 협력체제 구축을 위한 제도적 지원 방안 연 구. 교육부.
- 김창수(2022). 포괄적 네거티브 규제혁신의 성과와 함정. 인문사회 과학연구 23(3), 301-328.
- 오천석(2014). 한국신교육사. 교육과학사.
- 피터 드러커(2006). 피터 드러커의 위대한 혁신. 권영설, 전미옥 공 역. 한국경제신문사.
- 조지프 슘페터(2016). 자본주의 사회주의 민주주의. 이종인 역. 북 길드.

학령인구 변화에 따른 학교교육 문법 재구조화

- 곽재국(2013). 구도심권 유휴 교실의 아동교육시설로의 활용 방안

연구. 한국교원대학교교육정책전문 대학원 석사학위논문.

- 김영철, 임진철, 장슬기(2017). 미래 사회의 마을교육공동체 발전 방향. 경기도교육연구원 현안 보고 2017-25.

- 달스경제, 2023년 합계출산율 잠정 발표 내용 요약, 달스의 투자학 개론(2024 2 28). https://blog.naver.com/dutyfrees/223368249456?&isInf=true

- 박종필(2016). 미국의 미래학교가 학교 및 교사 교육에 주는 시사점 탐색: SOF를 중심으로. 한국교원 교육연구, 33(4), 45-67.

- 박찬수(2022). 학교 유휴 교실 활용 도출을 위한 모델 연구. 문화예술교육연구, 17(3), 197-220.

- 윤준영(2019). 학생중심 학습 환경 조성을 위한 유휴 교실 활용 방안에 대한 연구: 경기도 지역 유휴 교실의 실태와 활용 가능성을 중심으로. 인문사회21, 10(3), 661-676.

- 이가람 외, "'이정후 모교'도 신입생 7명뿐…'100년 추억' 지우는 저출산[사라지는 100년 학교]", 중앙일보(2024.02.26.).

- 이경진, "경기 분당 청솔중 폐교…1기 신도시서 첫 사례", 동아일보 (2024 10 8.).

- 이재림(2020). 학교 유휴시설 활용 생활형SOC사업 정책 방향 연구: 일본 유휴 교실 및 폐교 활용을 중심으로. 한국교육녹색환경연구원 학술지, 19(4), 1-14.

- 정진주(2019). 활용 가능 교실의 국내외 동향 비교 및 효율적 활용 방안 연구. 인문사회과학기술융합 학회, 9(10), 257-269.

- 조호제(2015). 학교구 고교간 역할 분담에 의한 진로별 교육과정 구

현 방안 연구. 고려대학교 대학원 박사학위논문.

- 홍섭근, 김인엽, 오수정(2019). 경기도교육청 소유 유휴지 활용 계획. 경기도교육연구원 현안보고 2019-07.
- https://www youtube com/watch?v=t6wRxOufGhs (9분 2초)

초저출산 시대와 미래 교육의 전환

- KAIST 문술미래전략대학원(2017). 대한민국 국가미래전략. 이콘.
- 교육부(2018). 제4차 평생교육진흥기본계획.
- 구소희, 강은경, 김인엽 외(2020). 소환된 미래 교육. 테크빌교육.
- 김용섭(2020). 언컨택트. 퍼블리온.
- 김은정(2019). 저출산·고령사회 대응 국민 인식 및 욕구 심층조사 체계 운영. 한국보건사회연구원.
- 김인엽 외(2016). NCS 기반 교육과정과 연계한 국가기술자격 교육·훈련과정 개편 방안 연구. 한국직업능력개발원.
- 김인엽 외(2017). 중장년의 일과 학습에 관한 연구. 한국직업능력개발원.
- 김인엽, 김진희 외(2018). 미래 교육이 시작되다. 즐거운학교.
- 김인엽, 홍섭근 외(2019). 평생학습체제 수립을 위한 국가 교육 및 훈련관련 법령 개선 연구. 한국직업능력개발원.
- 대통령직속 국가교육회의(2018). 국가교육회의 1주기백서.
- 류방란, 김경애 외(2018). 제4차 산업혁명 시대의 교육: 학교의 미래. 한국교육개발원.
- 통계청(2023). 국가인구통계.

학생과 교사가 말하는 교육자치를 위한 교육정책

- 김용섭(2009). 지방교육자치에 관한 법률 해설. 법제처.
- 박수정. '지방교육자치'를 아십니까, 정동칼럼, 경향신문(2021.12.23.).
- 백병부 외(2017). 경기교육정책 형성·집행·평가 재구조화 방안. 경기도교육연구원.
- 서용선(2012). 혁신교육 존 듀이에게 묻다. 살림터.
- 손희권(2004). 교육의 자주성에 관한 헌법재판소 판례 분석. 교육행정학연구 22(3). 한국교육행정학회.
- 이쌍철, 정은하(2023). 2023 교육정책 인식조사. 수탁연구자료 CRM 2023-111. 한국교육개발원·교육정책네트워크.
- 홍섭근 외(2019). 워킹그룹을 통한 정책 형성 방안. 경기도교육청/경기도교육연구원.
- Dewey, J.(1916). Democracy and Education. Middle Works 9: 1-370.

디지털 대전환 시대와 변하지 않는 학교에 답하다

- https://blog.naver.com/PostView.naver?blogId=kedi_cesi&logNo=223078137777
- https://kess.kedi.re.kr/post/6804698?itemCode=03&menuId=m_02_03_03&words=%EB%94%94%EC%A7%80%ED%84%B8

AI 교육은 과연 미래 교육을 선도하는가

- 관계부처합동(2018). 지능정보사회 구현을 위한 제6차 국가정보화 기본계획
- 국회입법조사처(2019). 디지털 시대의 미디어 리터러시 해외 사례 및 시사점
- 통계청(2021). 2020년 인구주택총조사 결과
- 한국언론진흥재단(2017). 해외 미디어교육 법체계 및 정책기구 연구
- https://www.ainet.link/10156
- https://images.app.goo.gl/mrqVFERwnBDUK6NY9
- https://news.kbs.co.kr/news/pc/view/view.do?ncd=5008696

교사의 시선

김태현 지음

'교사의 시선'으로 교사가 매일 경험하는 일상, 그 보통의 하루가 가지는 가치를 깊이 들여다본다. 그리고 교사이기 이전에 한 인간으로서 겪어야 하는 보편적인 고통에 대해서도 생각해본다.

나는 교사다 그러므로 생각한다

그림책사랑교사모임 지음

가르친다는 건 뭘까? 행복한 교사로 살아갈 수 있을까?
교사로 살아가며 문득 길을 잃고 흔들리는 순간 55가지 철학과 그림책이 깨달음의 이정표가 된다.

교사 상담소

송승훈, 고성한 지음

수업, 학급운영, 행정업무, 관계, 민원, 무기력, 육아, 퇴직… 오늘도 닫힌 교실에서 혼자 괴롭고 외로운 선생님께 드리는 맞춤 상담과 동행 그리고 교사 상담 노트.

민원지옥 SOS

한명숙 지음

민원 천국이 되어버린 학교, 사라진 교권… 이대로 계속 외면할 것인가? 현재 학교 현장에서 일어나고 있는 수많은 민원 사례를 살펴보고, 민원 예방부터 민원 대처법, 악성 민원 해결 노하우부터 교권을 보호하는 해외 사례까지 이 한 권에 담았다.

배움혁신

사토 마나부 지음, 손우정 옮김

교사는 동료 교사와 함께 수업을 나누고 아이들의 배움을 연구하면서 진정한 행복을 누리는 직업이다. '배움 혁신'을 통해 그 행복을 누렸으면 좋겠다. 이 작은 한 권을 통해 코로나 팬데믹 3년이 우리에게 남긴 상처를 치유하고, 21세기형 학교와 배움으로 나아가는 큰 지혜와 용기를 얻으시기 바란다.

학생 주도성을 돕는 프로젝트 수업

최선경 지음

주도성이 살아있는 프로젝트 수업이 무엇이며 어떻게 구현할 수 있는지를 교사의 마음가짐에서부터 교사와 학생의 관계 형성, 기초 근육 키우기, 협업과 실행, 교사와 학생의 성찰을 통해 보여준다. 10가지 수업 사례 공개와 제공되는 활동지로 수업에 바로 적용할 수 있다.

학생 주도성을 키우는 수업 평가

권영부 지음

2022 개정 교육과정에 새롭게 등장한 개념인 핵심 아이디어는 해당 교과의 얼개를 드러낸 것으로, 교사가 가르치는 것이 아니다. 학생들의 주도성과 역량을 키웠을 때 이해하고 발견할 수 있는 것이다. 이런 깊이 있는 학습을 위해 무엇을 어떻게 해야 할지 막막할 때 펼쳐 보는 안내서.

교육과정-수업-평가-기록 일체화

이명섭 지음

'어떻게 가르치느냐?' 보다 더 중요한 것은 '누구에게 무엇을 가르치느냐?' 더 나아가 '누가 무엇을 어 떻게 배우느냐?' 에 대한 고민이 더 필요하다는 것을 깨달은 저자가 동료들과 함께 일구어낸 몇 번이나 실패하고, 간혹 작은 성공을 이룬 현장의 기록.

교사 교육과정

김덕년, 정윤리, 최미현, 김지연, 고승선, 이하영, 최윤정 지음

일선의 '교사가 교육과정 운영의 주체' 라는 사실을 깨닫고, 그 고민을 함께 나눈 동료들과 공감하고 좌 절하고 다시 일어선 이야기, 그리고 그 과정을 다듬고 고치면서 완성해 나간 이야기를 담았다.

과정중심평가

김덕년, 강민서, 박병두, 김전영, 최우성, 연현정, 전소영 지음

'4차 산업혁명' 과 인공지능(AI) 등 시대적 흐름에 맞춰 교육 역시 학습의 성취 정도를 확인하고, 지식 보다 역량을 평가하는 등 학생의 성장과 발달에 중점을 두는 방향으로 변화하고 있다. 이 책은 현장의 고민을 연구하고 실천한 과정중심평가의 사례를 담았다.

초등 그림책 수업
그림책사랑교사모임 지음

한 해의 주제 수업을 고민하는 교사들에게 달마다 만나는 주제 수업부터 범교과 주제 수업까지, 주제에 꼭 맞는 그림책과 창의적인 체험 활동의 경험을 생생하게 소개한다

중등 그림책 수업
그림책사랑교사모임 지음

'그림책' 하면 유아나 초등학교 저학년이 긴 텍스트를 읽기 전에 한글을 깨치기 위한 책으로 여기는 경우가 많다. 하지만 학습에 대한 부담이 큰 중학교, 고등학교 교실에서도 그림책을 통해 앎과 삶이 일치하는 수업, 이성과 감성을 동시에 기르는 수업을 할 수 있다.

초등 그림책 문해력 수업
그림책사랑교사모임 지음

그림책을 읽고 재미있는 활동을 하며 한글을 깨치고 어휘를 확장하는 등 문해력의 뿌리를 단단히 내리게 하는 35편의 수업을 소개한다.

14가지 빛깔의 그림책 수업
그림책사랑교사모임 지음

교실에서 시도한 14가지의 활동 수업을 차시에 따라 자세히 소개한다. 창작 수업부터 온라인 협력 수업까지 다양한 활동 속에서 즐겁고 자연스럽게 배움이 일어나는, 새롭고 도전적인 수업 방법들을 담았다.

그림책 감성놀이
그림책사랑교사모임 지음

주제에 따라 잘 가려 뽑은 그림책으로 재미있는 놀이를 하며, 아이들은 생각하는 힘을 키우고 감정을 조절하며 마음을 나누는 연습을 할 수 있다.